JAN 1 1 2005

FORT WORTH PUBLIC LIBRARY

3 1668 03167 6015

SO-BRB-287

ESPANOL 641.595 KINGSLEY
    2004
Kingsley, Farina Wong
Asiatica

Northside

NORTHSIDE BRANCH

WILLIAMS-SONOMA

# ASIÁTICA

RECETAS Y TEXTO
## FARINA WONG KINGSLEY

EDITOR GENERAL
## CHUCK WILLIAMS

FOTOGRAFÍA
## MAREN CARUSO

TRADUCCIÓN
## CONCEPCIÓN O. DE JOURDAIN
## LAURA CORDERA L.

degustis

MÉXICO

# CONTENIDO

## ARROCES

## PLATILLOS CON FIDEOS

## PLATILLOS CON VERDURAS

## POSTRES

# INTRODUCIÓN

Muchas ciudades de occidente, tanto grandes como pequeñas, son el hogar de comunidades asiáticas florecientes. Al visitar un restaurante vietnamita, coreano, japonés o hindú, en cualquiera de estas ciudades, quizás haya tenido su primera experiencia con estas cocinas características. Al usar las 40 recetas ya probadas de este libro, puede aprender a preparar platillos populares como el tempura japonés, las ensaladas japonesas y el curry de la India.

Especialmente, si es un novato en la cocina asiática, apreciará el texto detallado al final del libro que presenta un resumen importante acerca del equipo y métodos como el sofrito, así como las notas laterales que abarcan otras técnicas e ingredientes esenciales. También puede ir al extenso glosario para leer acerca de los ingredientes asiáticos, y así saber exactamente qué es lo que debe tener antes de empezar a cocinar. Con todas estas fuentes de información a mano, incluyendo las magníficas fotografías a todo color de los platillos terminados, podrá rápidamente descubrir muchas recetas que seguramente se convertirán en sus favoritas.

# LAS CLÁSICAS

*Las siete recetas honradas a través del tiempo que presentamos en este capítulo, representan la amplia gama de sabores y estilos de cocina que se pueden encontrar a través de Asia. Desde los tallarines estilo tailandés hasta el curry de pollo hindú, estos platillos celebran un mundo de sazonadores aromáticos, métodos de cocina tradicionales y sabores característicos de su país, convirtiéndolos a todos ellos en excelentes elecciones para las comidas del diario.*

# PAD TAILANDÉS

MORTERO Y MANO
En este platillo tailandés de fideo, se usa el mortero con su mano para hacer la pasta aromática de chiles, ajo y especias. Este instrumento antiguo es muy eficiente para pulverizar las especias y otros ingredientes, al mismo tiempo que le dan al cocinero el control de la textura final. El mortero y mano de la cocina asiática son de piedra, madera o cerámica. Los morteros tienen forma de tazón, y su interior tiene una textura lisa o gruesa. La mano, en forma de bat, es el instrumento para la molienda. Para moler, coloque los ingredientes dentro del mortero, tome la mano y rote presionando sobre ellos hacia abajo, para aplastarlos con la punta contundente.

En un tazón, rehidrate los tallarines con agua tibia hasta cubrir por 30 minutos. Cuele y reserve.

En un mortero o molcajete machaque los chiles, chalotes y ajos con ayuda de la mano del mortero hasta integrar por completo. O, si desea, mezcle los ingredientes en un pequeño procesador de alimentos y forme una pasta. Reserve. Pele y desvene los camarones (página 115). Pique y reserve.

En un wok o una sartén grande y profunda, a fuego alto, vierta el aceite de canola hasta que esté muy caliente. Incorpore la pasta de chile y ajo, sofría por varios segundos hasta que aromatice. Añada la salsa de pescado, concentrado de tamarindo, salsa de soya, azúcar de palma y jugo de limón; mezcle hasta integrar. Agregue los camarones y fría de 3 a 5 minutos, hasta que se opaquen. Incorpore los fideos, 1 taza (30 g/1 oz) del germinado de frijol y el caldo de pollo. Cocine de 5 a 7 minutos, hasta que los fideos estén suaves y hayan absorbido todo el líquido.

Pase a un platón precalentado. Cubra uniformemente con la decoración del omelet, reservando ¼ de taza (7 g/¼ oz) de germinado de frijol, cacahuates y cilantro. Sirva de inmediato.

*Nota: Para hacer la decoración del omelet, bata en un tazón 2 huevos, ⅛ cucharadita de sal y 1 cucharada de agua. Caliente a fuego medio una pequeña sartén antiadherente con 1 cucharadita de aceite de canola o aceite de cacahuate. Vierta los huevos y mezcle rápidamente por unos segundos. Deje de mover y deje cocer el omelet. Con ayuda de una espátula, levante las orillas de vez en cuando para permitir que baje el huevo crudo. Cuando la omelet esté firme, después de 3 ó 4 minutos, resbale hacia una tabla de picar y deje enfriar. Corte el omelet a la mitad y después en juliana.*

RINDE DE 4 A 6 PORCIONES

250 g (½ lb) de tallarín de arroz plano, 6 mm (¼ in) de ancho

2 chiles rojos frescos, sin semilla y picados

2 chalotes, picados

3 dientes de ajo, picados

250 g (½ lb) de camarones (o langostinos)

2 cucharadas de aceite de canola

¼ taza (60 ml/2 fl oz) de salsa de pescado

3 cucharadas de concentrado de tamarindo (página 115)

1 cucharada de salsa de soya oscura

2 cucharadas de azúcar de palma picada (página 98)

2 cucharadas de jugo de limón fresco

1¼ taza (37 g/1¼ oz) de germinado de frijol de soya mung

½ taza (125 ml/4 fl oz) de caldo de pollo bajo en sodio

decoración con omelet (vea Notas)

2 cucharadas de cacahuates sin sal, tostados (página 102) y picados

Cilantro fresco, ramas completas o picado para decorar

# POLLO SATAY CON SALSA DE CACAHUATE

750 g (1½ lb) de muslos de pollo sin hueso ni piel

1½ tazas (375 ml/12 fl oz) de leche de coco

½ taza (120 ml/4 fl oz) de salsa de pescado

5 cucharadas (75 g/2½ oz) de azúcar de palma picada (página 75) o azúcar morena

2 cucharadas de hojas de cilantro fresco, picado, más 1 cucharada de tallos picados

1 cuchara de polvo de curry Madras

1 chalote picado

2 dientes de ajo

1 cucharada de galangal fresco, sin piel, picado (página 113) y la misma cantidad de lemongrass, picado

1 chile rojo fresco, sin semilla y picado

1 cucharada de aceite de canola, más el necesario para barnizar

1 cucharada de jugo de limón fresco

¼ cucharadita de pasta de camarón (página 114)

1 taza (155 g/5 oz) de cacahuates sin sal, tostados (página 102) y picados

Corte el pollo en tiras de 10 cm (4 in) de largo por 4 cm (1½ in) de ancho. En un tazón grande, mezcle ½ taza (125 g/4 fl oz) de la leche de coco, ¼ de taza (60 ml/2 fl) de la salsa de pescado, 3 cucharadas del azúcar de palma, hojas de cilantro y el polvo de curry. Añade las tiras de pollo y mezcle hasta cubrir uniformemente con la marinada. Tape y refrigere por lo menos 1 hora o por toda la noche.

Prepare un asador con carbón o tenga a mano una parrilla para asar sobre la estufa. Coloque de 12 a 15 brochetas de madera, de 23 cm ( 9 in) de largo, en agua hasta cubrir y deje remojar por lo menos 20 minutos.

En un mortero o molcajete, mezcle los chalotes, ajos, galangal, lemongrass, chile y tallos de cilantro y muela con la ayuda de la mano, añadiendo gradualmente de 1 a 2 cucharadas de agua para formar una pasta. En una sartén sobre fuego medio, caliente 1 cucharada de aceite. Agregue la pasta de chalote con ajo y sofría hasta que aromatice, aproximadamente 2 minutos. Incorpore la taza restante (250 ml/8 fl oz) de la leche de coco y deje cocer a fuego bajo hasta que espese, de 7 a 10 minutos. Añada el ¼ de taza (60 ml/2 fl oz) de salsa de pescado restante, las 2 cucharadas restantes de azúcar de palma, el jugo de limón, la pasta de camarón y los cacahuates. Deje cocer de 5 a 7 minutos, hasta que la salsa de cacahuate espese.

Saque las brochetas del agua de remojo y retire las tiras de pollo de la marinada. Deseche la marinada. Entrelace 3 tiras de pollo a lo largo en cada brocheta. Si utiliza una parrilla para asar sobre la estufa, precliéntela a fuego alto. Barnice la parrilla con aceite. Coloque las brochetas sobre la parrilla y selle el pollo hasta dorar de 4 a 5 minutos por lado. Si utiliza un asador de carbón, coloque las brochetas lejos del fuego directo, cubra el asador y cocine aproximadamente 5 minutos, hasta que el pollo se vea completamente opaco. Si utiliza una parrilla para asar sobre la estufa, apague el fuego, cubra la parrilla y permita que el pollo se cocine por 5 minutos. Acomode las brochetas en un platón precalentado y sirva acompañando con la salsa de cacahuate.

RINDE 4 PORCIONES

COCINANDO CON BROCHETAS

*Satay es un platillo de origen Indonés y Malayo, en el cual las carnes o mariscos sazonados se pinchan en brochetas para asarse a la parrilla y servirse con una salsa. Se pueden usar brochetas de madera, bambú o metal. Las brochetas de madera o bambú se tienen que sumergir en agua por lo menos 20 minutos para evitar que se incendien con el fuego del asador. Ponga suficiente carne marinada en cada brocheta para que sólo queden expuestas las orillas. Para lograr un cocimiento uniforme, coloque la brocheta a lo largo de forma que toda esté en contacto directo con la parrilla del asador.*

# UDON CON HUEVOS Y TOFU

### CALDO DE BONITO

Hecho con hojuelas de bonito (página 112) y *konbu* (página 40), este caldo japonés de bonito o dashi, es usado para preparar sopas y salsas. Para preparar el caldo, limpie una pieza de 125 g (¼ lb) de konbu con un trapo húmedo, coloque en una olla, añada 7 tazas de agua (1.75 l/56 fl oz) deje hervir sobre fuego medio. Reduzca el fuego a bajo y hierva a fuego lento de 7 a 10 minutos. Retire el konbu, integre 3½ tazas (37 g/1¼ oz) de hojuelas de bonito, regrese al fuego y deje hervir 1 minuto más. Cuele a través de una coladera de maya fina. Rinde 7 tazas. El caldo de bonito instantáneo en polvo o en forma líquida se puede usar como sustituto.

Para preparar el tofu asado, hierva en una olla 4 tazas (1 l/32 fl oz) de agua a fuego alto. Añada el tofu y blanquee por 2 minutos; escurra. En la misma olla, a fuego alto, mezcle el caldo, *mirin*, salsa de soya y azúcar; deje hervir. Agregue el tofu, baje el fuego a medio-bajo y deje cocinar durante 5 minutos, voltee los cubos a la mitad de la cocción. Cuando el tofu se torne café castaño, cuele y corte en tiras delgadas. Deseche el líquido en donde se coció y reserve las tiras de tofu.

Para hacer el consomé, en una olla, a fuego alto, mezcle el caldo, las salsas de soya oscura y clara, vinagre, azúcar y pimienta blanca; hierva. Baje la temperatura y hierva a fuego lento.

Coloque una olla grande con agua, a tres cuartas partes de su capacidad, a fuego alto. Agregue la sal y los tallarines, deje hervir hasta que estén suaves, 2 minutos si son frescos ó 5 minutos si son secos. Escurra los tallarines y enjuague bajo el chorro de agua fría; vuelva a escurrir.

Divida proporcionalmente los tallarines entre tazones individuales profundos. Cubra con el tofu asado y las cebollitas de cambray, repartiendo uniformemente. Vierta el caldo caliente sobre los tallarines hasta cubrir, dividiendo otra vez uniformemente. Con cuidado, rompa un huevo sobre cada tazón de tallarines. Decore cada porción con ¼ de cucharadita de *shichimi*.

*Nota: Los huevos en esta receta están parcialmente cocidos por el caldo; vea la página 113 para mayor información.*

*Variación: Si lo desea, omita el tofu y los huevos y sirva los tallarines con verdura y Tempura de Camarones ( vea página 29).*

RINDE 4 PORCIONES

### PARA EL TOFU ASADO:

4 bloques de tofu para fritura profunda (página 107) en cubos de 7.5 cm (3 in)

1 taza (250 ml/8 fl oz) de caldo de bonito (vea *explicación a la izquierda*)

1 cucharada de mirin o vino chino de arroz

1 cucharada de salsa oscura de soya

1 cucharada de azúcar

### PARA EL CALDO:

6 tazas (1.5 l/48 fl oz) de caldo de bonito (vea *explicación a la izquierda*)

2 cucharadas de salsa oscura de soya

2 cucharadas de salsa clara de soya

1 cucharada de vino de arroz

1 cucharada de azúcar

⅛ cucharadita de pimienta blanca

1 cucharadita de sal

375 g (¾ lb) de tallarín udon fresco o seco

4 cebollitas de cambray, incluyendo la parte verde de los los tallos, en juliana

4 huevos

1 cucharadita de *shichimi* (página 114)

# POT STICKERS

¼ taza (7 g/¼ oz) de hongos shiitake secos

2 tazas (185 g/6 oz) de col, finamente picada

½ cucharadita de sal

125 g (¼ lb) de puerco molido

½ taza (20 g/¾ oz) de cebollín fresco, picado (página 75)

1 cucharada de salsa de soya clara y la misma cantidad de aceite de ajonjolí asiático

1½ cucharadita de vino de arroz Chino

1½ cucharadita jengibre fresco, sin piel y picado

1 diente de ajo, picado

1½ cucharadas de fécula de maíz

⅛ cucharadita pimienta blanca molida

45 círculos wonton

4 cucharadas (60 ml/2 fl oz) de aceite de canola o cacahuate

1 taza ( 250 ml/8 fl oz) de caldo de pollo bajo en sodio

Salsa de Jengibre y Soya (página 110)

Remoje los hongos secos en agua tibia hasta cubrir por 30 minutos (página 30). Escurra, retire los tallos y pique los botones.

En un tazón grande, mezcle la col con la sal y deje reposar 30 minutos para permitir que salga el exceso de agua de la col. Con la ayuda de sus manos retire el agua lo más posible.

Deseche el agua y coloque la col en un tazón limpio. Añada los champiñones, puerco, ajo, cebollín, salsa de soya, aceite de ajonjolí, vino de arroz, jengibre, ajo, fécula y pimienta blanca. Con la ayuda de una espátula de hule, mezcle vigorosamente hasta integrar por completo.

Para rellenar cada pot sticker, coloque un círculo de wonton sobre una tabla de trabajo y barnice las orillas con agua. Mantenga los otros círculos cubiertos con una toalla de cocina húmeda para prevenir que se sequen. Coloque 1 cucharadita del relleno en el centro del wonton, doble a la mitad para cubrir el relleno y pliegue la orilla exterior (*vea explicación a la derecha*). Colóquelos sobre una charola de horno enharinada ligeramente. Repita la operación con el resto de los círculos y el relleno.

Precaliente el horno a 120ºC (250ºF). En una sartén antiadherente sobre fuego medio-alto, caliente 1 cucharada de aceite de canola. Añada de 10 a 12 pot stickers con la base hacia abajo en una sola capa. Selle hasta que la base esté dorada de 3 a 4 minutos. Vierta ¼ de taza (60 ml/2 fl oz) de caldo de pollo, tape y deje cocer al vapor de 4 a 5 minutos, hasta que se evapore todo el caldo y los pot stickers estén suaves, pero firmes, y el relleno esté completamente cocido. Coloque sobre un refractario, cubra con papel aluminio y mantenga calientes dentro del horno. Cocine el resto de los pot stickers y caldo en tres tandas más.

Sirva los pot stickers calientes, acompañe con la salsa.

RINDE DE 40 A 45 POT STICKERS

## PLEGANDO POT STICKERS

Estos dumplings fritos chinos se comen tradicionalmente como botana o aperitivo, por lo que deben de ser círculos de wontons delgados de 7.5 cm (3 in). Para plegar un pot sticker relleno, doble el wonton a darle forma de media luna, pellizque las orillas para unir, empezando por uno de los arcos. Posteriormente, usando su dedo pulgar e índice y empezando en la punta de la parte sellada, haga de 4 a 5 pliegues a todo lo largo del arco para sellar el relleno completamente. Cuando forme cada dumpling, presione la base ligeramente en contra de su palma para aplanarlo.

# RES Y BRÓCOLI EN SALSA DE OSTIÓN

## SALSA DE OSTIÓN

Esta salsa concentrada de color café, ligeramente dulce y de sabor ahumado, esté hecha de ostiones secos, sal y agua, mezclada con fécula y caramelo para lograr consistencia y color. La salsa se originó en el sureste de China, en donde los cocineros la utilizaban como sazonador para aderezar verduras o mezclar con carne o vegetales fritos. La salsa de ostión sirve también como salsa de acompañamiento para servir con carnes asadas. No consuma la más barata ya que tiene un sabor muy fuerte. Una vez abierta la salsa de ostión, se tiene que refrigerar.

Corte la falda en contra de la veta en tiras de 7.5 cm (3 in) de largo y 6 mm (¼ in) de grueso. En un tazón mezcle la fécula, sal, azúcar, polvo para hornear y 2 cucharadas de agua. Añada la carne y mezcle hasta que se integre. Deje reposar a temperatura ambiente por 30 minutos.

Mientras tanto, prepare la salsa. En un tazón mezcle la salsa de ostión con las salsas de soya, aceite de cacahuate, fécula, azúcar, pimienta blanca y 2 cucharadas de agua. Reserve.

Llene tres cuartas partes de una olla con agua y hierva. Agregue las flores de brócoli y blanquee de 3 a 4 minutos, hasta dejar tiernas. Escurra y enjuague bajo el chorro de agua hasta que se enfríen, vuelva a escurrir. Reserve.

Retire la falda del tazón y seque parcialmente con papel absorbente. En un wok o sartén profundo a fuego alto, caliente 2 cucharadas de aceite de cacahuate, hasta que esté muy caliente. Añada la falda y fría de 3 a 4 minutos, hasta que se opaque. Con la ayuda de una cuchara ranurada, pase a través de un colador sobre un tazón.

Limpie la sartén con toallas de papel y ponga a fuego alto hasta que esté muy caliente. Agregue la cucharada restante de aceite, caliente. Añada el ajo y el jengibre a dorar de 15 a 20 segundos. Con la ayuda de una cuchara ranurada, retire el ajo y el jengibre y deseche. Añada la cebolla y fría aproximadamente 5 minutos, hasta dejar tierna. Vierta el vino de arroz y desglase la sartén hasta quitar todos los residuos dorados de su base. Cuando el vino se evapore, agregue la salsa, mezcle y deje hervir. Inmediatamente agregue la carne y brócoli y fría aproximadamente 3 minutos, hasta que la salsa se espese y la carne se caliente. Pase el guisado a un tazón precalentado y sirva.

RINDE DE 4 A 6 PORCIONES

500 g (1 lb) de falda de res

1 cucharada de fécula de maíz

¼ cucharadita de sal y la misma cantidad de azúcar

⅛ cucharadita de polvo para hornear (bicarbonato de sodio)

PARA LA SALSA:

2 cucharadas de salsa de ostión

1 cucharada de salsa oscura de soya y la misma cantidad de salsa clara de soya

1 cucharadita de aceite de cacahuate

1 cucharadita de fécula de maíz

½ cucharadita de azúcar

⅛ cucharadita de pimienta blanca

2 tazas (125 g /4 oz) de flores de brócoli

3 cucharadas de aceite de cacahuate

2 dientes de ajo

2 rebanadas de jengibre fresco, machacado con la parte plana del cuchillo

1 cebolla amarilla o blanca pequeña, cortada en cubos de 2.5 cm (1 in)

1 cucharada de vino de arroz chino

# CURRY DE POLLO HINDÚ

2 cucharaditas de semillas de cilantro y la misma cantidad de semillas de comino

1 cucharadita de sal

1 cucharadita de cúrcuma (turmeric)molida

½ cucharadita de pimienta negra molida

⅛ cucharadita de pimienta de cayena

2 cucharadas de aceite de canola

500 g (1 lb) de muslos de pollo deshuesados y sin piel

¼ taza (45 g/1½ oz) de nuez de la india sin sal

1 cebolla amarilla o blanca grande

2 jitomates pequeños

2 cucharadas de mantequilla clarificada (página 112) o aceite de canola

3 dientes de ajo machacados

1 cucharada de jengibre fresco, sin piel y picado

1 cucharadita de chile jalapeño, sin semilla y picado

2 hojas de laurel

2 anís estrella

½ taza (125 g/4 fl oz) de leche de coco

1 cucharada de jugo de limón fresco

1 cucharada de cilantro fresco, picado

Tueste y muela las semillas de comino y cilantro (*vea explicación a la derecha*). En un tazón mezcle las semillas tostadas con ½ cucharadita de sal y la cúrcuma, pimienta negra, pimienta de cayena y aceite de canola. Corte el pollo en cubos de 2.5 cm (1 in). Añada al tazón y mezcle hasta cubrir completamente. Tape y refrigere por lo menos 1 hora o durante toda la noche.

Tueste la nuez de la india (página 102) y pique toscamente. Reserve.

Rebane delgado la cebolla. Parta los jitomates por en medio a lo largo y retire las semillas, pique la carne. En una sartén sobre fuego alto, caliente la mantequilla clarificada. Añada la cebolla y fría hasta suavizar, de 3 a 4 minutos. Agregue el ajo, jengibre, chile, hojas de laurel, anís estrella y continúe friendo aproximadamente de 5 a 7 minutos, hasta que la cebolla se dore. Incorpore el pollo y saltee 5 minutos, hasta que la carne se vuelva opaca. Añada los jitomates y cocine 2 minutos, moviendo ocasionalmente, hasta que se suavicen.

Mezcle la leche de coco y la ½ cucharadita restante de sal, deje hervir ligeramente. Reduzca a fuego bajo, tape y hierva a fuego lento aproximadamente 20 minutos, hasta que el pollo esté suave. Vierta el jugo de limón y hierva a fuego lento 5 minutos más.

Coloque sobre un tazón precalentado y decore con la nuez de la india y el cilantro; sirva.

*Para Servir: Sirva el pollo y su salsa de curry acompañando con arroz basmati.*

RINDE DE 4 A 6 PORCIONES.

TOSTANDO ESPECIAS Y SEMILLAS

Las especias y semillas se calientan en un cazo seco para resaltar su sabor al preparar currys y otros platillos. Tueste especias como las semillas de comino y cilantro a fuego medio-alto, hasta que las semillas empiecen a brincar, de 2 a 3 minutos. Las semillas de ajonjolí con su alto porcentaje de grasa, se deben tostar de 4 a 5 minutos sobre fuego medio, hasta que se doren ligeramente. En todos los casos, mueva la sartén para obtener un cocimiento uniforme. Utilice un molino de especias o un molino de café para moler las especias tostadas; use un mortero con mano para moler las semillas de ajonjolí.

# RES CON SALSA BARBECUE ESTILO COREANO

**CORTANDO REBANADAS DELGADAS DE CARNE**
Los cocineros coreanos agilizan el proceso de marinado y cocción rebanando muy finamente la carne de res. El secreto para hacer los cortes suficientemente delgados es usar un cuchillo de chef muy filoso. Para hacer más sencilla la técnica de corte, meta la carne a congelar de 20 a 30 minutos, hasta que esté firme. Haciendo un solo movimiento de corte, rebane la carne en contra del grano a un grueso de 3 mm (⅛ in). No serruche la carne ya que las rebanadas tendrán marcas en las orillas. Si las rebanadas están gruesas, coloque entre papeles encerados y golpee para aplanar con un mazo de carnicero.

Corte la res contra la veta en rebanadas de 3 mm (⅛ in) de grueso (vea explicación a la izquierda). Trabajando sobre una tabla de picar, use la parte plana del cuchillo de Chef o cuchillo de carnicero y machaque el ajo con 1 cucharada de azúcar para formar una pasta. Pase la pasta a un tazón y mezcle con 3 cucharadas de la salsa de soya clara, la salsa de soya oscura, 1 cucharada de aceite de ajonjolí, 1 cucharada de vinagre, toda la cebollita de cambray menos 1 cucharada, jengibre, 1 cucharada de las semillas de ajonjolí, pimienta negra y 1 cucharada de agua. Coloque la carne en un tazón poco profundo y cubra con la marinada. Mezcle bien, cubra y refrigere de 1 a 3 horas.

Mientras tanto, prepare la salsa. Sobre una tabla de picar, use la parte plana del cuchillo de Chef o cuchillo de carnicero para machacar el resto del ajo picado con ½ cucharadita de azúcar para formar una pasta. Pase la pasta a un tazón y bata con las 3 cucharadas restantes de la salsa de soya, la cucharada restante del vinagre, salsa de chile, la cucharadita restante de aceite de ajonjolí, la cucharada restante de cebollitas de cambray, la cucharada restante de semillas de ajonjolí y 1 cucharada de agua. Reserve hasta el momento de servir.

Prenda el carbón del asador o precaliente la plancha de la estufa a fuego alto.

Barnice con aceite de canola la parrilla del asador o la plancha. Retire la carne de la marinada y seque. Deseche la marinada. Trabajando en tandas, coloque en una sola capa sobre la parrilla o plancha. Selle y voltee una sola vez a dejar dorada y crujiente por ambos lados, aproximadamente 2 minutos por lado. Si lo necesita, limpie la rejilla o plancha y aceite entre cada tanda.

Pase a un platón de servicio, decore con las cebollitas de cambray ralladas y sirva de inmediato con la salsa.

*Para Servir: Se puede servir la carne sobre hojas de lechuga roja con arroz (página 61) kimchi ( página 113) y con la salsa.*

RINDE DE 4 A 6 PORCIONES

750 g (1½ lb) de filete de res de 13 cm (5 in) de grueso

4 dientes de ajo, picados

1 cucharada más ½ cucharadita de azúcar

6 cucharadas (90ml/3 fl oz) de salsa de soya clara

1 cucharada de salsa de soya oscura

1 cucharada más 1 cucharadita de aceite asiático de ajonjolí

2 cucharadas de vinagre de arroz

5 cebollitas de cambray, picadas, más rebanadas de cebollitas cambray para decorar

1 cucharadita de jengibre fresco, sin piel y rallado

2 cucharadas de semillas de ajonjolí tostadas y machacadas (página 21)

½ cucharadita de pimienta negra molida

1 cucharadita de salsa de chile Sriracha (página 115)

1 cucharada de aceite de canola

# BOCADILLOS Y ENTRADAS

*Adaptados de todos los alimentos de las calles de Asia, muchos de estos deliciosos platillos pequeños se comen como bocadillos a media tarde, o algunas veces ya entrada la noche, en sus países de origen. Sin embargo, todos ellos, desde los rollos vietnamitas rellenos con verduras y los tallarines de arroz hasta una ensalada que combina carne de res con mango, se convierten fácilmente en maravillosas entradas prácticamente para cualquier comida.*

# ROLLOS VIETNAMITAS VERANIEGOS

## PAPEL ARROZ

Son hojas delgadas y crujientes hechas de arroz y agua. El papel arroz es usado primordialmente en la cocina vietnamita para preparar rollos fritos o frescos como los de esta receta. Para poder usar las hojas de papel arroz, vierta agua caliente en un tazón poco profundo e introduzca un círculo de papel arroz de 2 a 3 minutos, hasta que se suavice. Mientras el papel arroz está en el agua introduzca sus dedos hasta sentir que la hoja esté flexible, aproximadamente 1 minuto. Retire la hoja del agua y coloque sobre una toalla de cocina húmeda y use como indica la receta.

Trabaje con un papel arroz a la vez, remoje el círculo en agua tibia (*vea explicación a la izquierda*).

Para formar cada rollo, coloque la hoja de la lechuga horizontalmente sobre la parte de en medio de la hoja de arroz húmeda. En la base de la lechuga coloque un poco de los fideos, 1 cucharadita de zanahoria y pepino, 2 rebanadas de tofu, 1 cucharada de germinado de soya y algunas hojas de hierbabuena y cilantro. Tenga cuidado de no llenar demasiado los rollos. Levante la orilla de la base de hoja de arroz y cuidadosamente coloque encima los fideos y los otros ingredientes. Enrolle completamente para formar un cilindro o taco apretado. Doble los lados del papel arroz y continúe enrollando el papel arroz y su relleno para hacer cilindros.

Coloque los rollos preparados en un plato, colocando la orilla hacia abajo, y cubra con una toalla de cocina húmeda. Los rollos pueden permanecer a temperatura ambiente por varias horas antes de servir.

Justo antes de servir, corte cada rollo por mitad en ángulo. Sirva con Nuoc Cham.

*Nota: Tradicionalmente, el término rollos primavera se ha usado para describir tanto los rollos que son fritos, como los que son servidos sin ningún cocimiento. El término rollo veraniego se refiere a los rollos sin cocinar hechos con fideos, verduras y hierbas frescas además de otros ingredientes.*

RINDE DE 4 A 6 PORCIONES

8 círculos de papel arroz de 30 cm (12 in) de diámetro

8 hojas de lechuga roja, sin el tallo

60 g (2 oz) de fideo celofán, remojado en agua tibia 15 minutos y escurrido

1 zanahoria, sin piel y finamente rebanada

½ pepino, sin piel ni semillas (página 113) y finamente rebanado

250 g (½ lb) de tofu extra firme en bloque, cortado en 16 rebanadas de 10 cm (4 in) de largo y 6 mm (¼ in) de grueso cada una

½ taza (15 g/½ oz) de germinado de soya mung

1 puño de hojas de menta o hierbabuena fresca

1 puño de hojas de cilantro (italiano) fresco

Nuoc Cham (página 111) para acompañar el platillo

# TEMPURA DE CAMARON Y VERDURA

1 zanahoria, sin piel

1 camote dulce, sin piel

1 cebolla amarilla o blanca

60 g (2 oz) de ejotes verdes, limpios

1 calabacita (courgette)

5 hongos shiitake frescos de aproximadamente 4 cm (1½ in) de diámetro, sin el tallo

aceite de canola o de cacahuate para fritura profunda

1 taza (125 g/4 oz) de harina de pastel (trigo suave)

1 taza (125 g/4 oz) de harina de arroz

¾ cucharadita de sal

¼ cucharadita de polvo para hornear (bicarbonato de sodio)

2 yemas de huevo

1½ tazas (375 ml/12 fl oz) de agua con hielo

8 camarones grandes o langostinos, sin piel y desvenados (vea página 115)

Salsa Tempura (*vea explicación a la derecha*)

Corte la zanahoria en trozos de 13 cm (5 in) de largo y 6 mm (¼ in) de grueso.

Utilice lo más que pueda del camote para lograr 2½ tazas (75 g/2½ oz), corte en rebanadas de 3 mm (⅛ in) de grueso, y cada rebanada en medias lunas. Corte la cebolla en rebanadas de 12 mm (½ in) de grueso. Corte los ejotes a lo largo de 13 cm (5 in). Corte las calabacitas en pedazos de 13 cm (5 in) de largo por 6 mm (¼ in) de grueso. Corte los botones de los champiñones a la mitad.

Precaliente el horno a 120ºC (250ºF) . Vierta el aceite a un wok o freidora a una profundidad de 13 cm (5 in) y caliente hasta que en un termómetro de fritura se registren los 188ºC (370ºF). Forre una charola de horno con dos capas de papel absorbente.

Mientras tanto, en un tazón cierna la harina de pastel y de arroz, sal y polvo de hornear. En un tazón pequeño mezcle las yemas de huevo con el agua con hielo. Incorpore la mezcla de huevos con agua con las harinas sólo a integrar.

Trabajando en tandas, sumerja las verduras en la pasta, permitiendo que escurra el exceso. Posteriormente, resbale la verdura en el aceite caliente. Fría hasta dejar ligeramente dorada, de 1 a 2 minutos. Utilizando una espumadera, cuele las verduras y coloque sobre el papel absorbente. Pase a un refractario y meta al horno. Entre las tandas, use la espumadera para retirar los pedacitos de pasta que queden en el aceite.

Antes de sumergir los camarones en la pasta, haga varios cortes en la parte inferior (lado cóncavo) de cada camarón para prevenir que se curven al freírse. Recaliente el aceite a 188ºC (370ºF) y, trabajando en tandas, sumerja los camarones en la pasta, permitiendo que escurra el exceso, resbale los camarones en el aceite caliente. Fría hasta dejar dorado claro, de 30 a 60 segundos. Use una espumadera para pasarlos a un platón de servicio con la verdura.

Sirva el tempura con la salsa.

RINDE 4 PORCIONES

## SALSA TEMPURA PARA REMOJAR

Este platillo icono del Japón fue introducido a la isla por los misioneros portugueses en el siglo XVI. Los japoneses refinaron este platillo sirviéndolo con una salsa. Para preparar la salsa, mezcle en una olla ½ taza (125 g/4 fl oz) de caldo de bonito (página 14), 3 cucharadas de salsa de soya oscura y de *mirin* (vino de arroz chino) y ½ cucharadita de azúcar. Deje hervir y añada 1 cucharada copeteada de hojuelas de bonito (página 112), cuele por un colador de malla fina. Sirva a temperatura ambiente. Rinde 1 taza (250 ml/8 fl oz).

# TAZAS DE LECHUGA CON POLLO MOLIDO

Corte el tallo de la base de la lechuga y deseche. Sumerja la lechuga en un tazón con agua muy fría y deje remojar por 30 minutos. Retire del agua y separe 20 hojas, el resto resérvelo para otro uso. Recorte cada hoja en forma de taza a dejarla del tamaño de la palma de su mano. Refrigere las tazas de lechuga hasta el momento de servir. Mientras tanto, remoje los hongos (*vea explicación a la izquierda*), pique y reserve.

En un tazón pequeño, mezcle la salsa de ostión, salsa oscura y clara de soya, aceite de ajonjolí, azúcar, fécula, pimienta blanca y huevo hasta incorporar bien. Reserve.

En un wok o freidora a fuego alto, coloque el aceite de canola hasta que esté muy caliente. Añada el jengibre y el ajo y fría hasta dorar, de 15 a 20 segundos. Agregue el pollo y el puerco y fría hasta que la carne esté opaca, de 5 a 7 minutos. Retire el líquido que se encuentra en el fondo del wok.

Regrese el wok al fuego alto y añada los brotes de bambú, castañas y hongos; cocine de 3 a 4 minutos, hasta que la humedad se evapore; añada y mezcle la salsa de ostión preparada y siga salteando hasta que la salsa espese, durante 5 minutos. Retire del fuego.

En una taza de medir, mezcle la salsa hoisin con 1 cucharada de agua tibia. Rebane las cebollitas de cambray diagonalmente en rebanadas muy delgadas. Acomode las hojas de lechuga en un platón grande. Sirva una cucharada copeteada de pollo caliente sobre cada taza de lechuga y rocíe con un poco de la salsa hoisin, cubra con las cebollitas y piñones distribuyéndolos uniformemente. Sirva de inmediato.

RINDE 5 PORCIONES

## HONGOS SECOS

El rico sabor natural de los hongos se intensifica cuando se secan, dando como resultado un sabor característico y esencial a muchos platillos asiáticos asados o salteados, incluyendo este clásico platillo chino. Los hongos negros chinos secos, también llamados shiitake son los más usados. Antes de usar los hongos secos, lave y coloque en un tazón con agua hirviendo, mantenga sumergidos con la ayuda de una tapa o plato. Deje remojar 30 minutos, retire del agua y quite los tallos duros. Cuele el agua del remojo para usar en esta receta.

1 lechuga romana grande

6 hongos negros chinos secos

2 cucharadas de salsa de ostión

1 cucharada de salsa de soya oscura y la misma cantidad de soya clara

1 cucharadita de aceite de ajonjolí asiático

½ cucharadita de azúcar y la misma cantidad de fécula de maíz

⅛ cucharadita de pimienta blanca

1 huevo batido

2 cucharadas de aceite de canola

1 cucharada de jengibre fresco, pelado y picado

2 dientes de ajo, picados

250 g (½ lb) de muslo de pollo, molido

125 g (½ lb) de carne de cerdo molida

½ taza ( 60 g/2 oz) de brotes de bambú de lata, picados

6 castañas en agua de lata, picadas

¼ taza (60 ml/2 fl oz) de salsa hoisin

3 cebollitas de cambray

2 cucharadas de piñones, tostados (vea página 102)

# SAMOSAS DE VERDURA

2 papas para cocer de 500 g (1 lb) peso total, sin piel

¼ taza (45 g/1½ oz) de zanahoria en cubos (de 6 mm/¼ in)

¼ taza (45 g/1½ oz) de chícharo fresco o congelado

1 cebolla amarilla o blanca, picada

3 dientes de ajo

1 cucharada de jengibre fresco, sin piel y picado

2 cucharadas de aceite de canola o cacahuate, más el necesario para freír

1 cucharadita de cúrcuma molida (turmeric)

½ cucharadita de semillas de cilantro, la misma cantidad de comino molido y de azúcar

¾ cucharadita de sal más la necesaria para sazonar

⅛ cucharadita pimienta negra molida más la necesaria para sazonar

1 chile jalapeño, sin semillas y picado

1 cucharada de harina de trigo (simple)

12 hojas de rollo primavera

Cilantro y Chutney de menta (página 111) o Chutney de tamarindo (página 111)

En una olla a fuego alto, ponga las papas y cubra con suficiente agua. Deje hervir hasta suavizar, aproximadamente 15 minutos. Escurra, deje enfriar, pele y corte en cubos de 6 mm (¼ in). Llene a tres cuartas partes de su capacidad una olla pequeña con agua y hierva, agregue las zanahorias a blanquear por 2 minutos. Use una espumadera para sacarlas y reserve. Añada los chícharos al agua hirviendo y blanquee por 3 minutos, escurra y reserve.

En un procesador de alimentos pequeño, mezcle la cebolla, ajo, jengibre y 2 cucharadas de agua, muela hasta formar una pasta. En una sartén grande sobre fuego alto, caliente 2 cucharadas de aceite de canola. Añada la cebolla y saltee hasta dorar ligeramente, de 5 a 7 minutos. Reduzca el fuego a medio bajo y agregue la cúrcuma, cilantro, comino, azúcar, ¾ cucharadita de sal, ⅛ cucharadita de pimienta y chile; cocine por 2 minutos más para combinar los sabores. Incorpore las zanahorias y los chícharos blanqueados. Sofría de 3 a 4 minutos, hasta que la humedad se evapore. Integre las papas. Rectifique la sazón. Pase a un plato y deje enfriar.

En un tazón pequeño mezcle la harina con ¼ taza (60 ml/2 fl oz) de agua para formar una pasta ligera. Separe las hojas de rollo primavera y cubra con una toalla de cocina húmeda. Trabajando con una hoja a la vez, corte a la mitad a formar 2 rectángulos. Utilice cada mitad para envolver 1 cucharada del relleno (*vea explicación a la derecha*).

Precaliente el horno a 120ºC (250ºF). Vierta el aceite a una freidora a una profundidad de 13 cm (5 in) y caliente hasta que un termómetro de fritura registre 188ºC (370ºF). Trabaje en tandas de 3 ó 4 samosas. Deposite con cuidado en el aceite y fría hasta dorar por 2 ó 3 minutos. Utilice una espumadera de metal para pasarlas a papel absorbente para escurrir. Permita que el aceite se recaliente entre tandas hasta alcanzar los 188ºC . Coloque las samosas fritas en un refractario y manténgalas tibias en el horno mientras prepara las demás. Sirva con chutney.

RINDE 6 PORCIONES

DOBLANDO LAS SAMOSAS

Estas populares botanas de la India, están hechas tradicionalmente con pasta casera de harina y manteca . Las hojas de rollo primavera son un sencillo sustituto más ligero. Para doblar las samosas, coloque el lado angosto del rectángulo de cara hacia usted, coloque 2 cucharaditas del relleno en la parte inferior de la esquina izquierda. Doble la parte inferior de la esquina derecha sobre el relleno a formar un triángulo. Levante la esquina izquierda inferior del triángulo hacia arriba de la orilla recta, formando un triángulo otra vez. Doble otra vez en forma diagonal alineando la orilla izquierda con la orilla derecha. Repita hasta que quede sólo un pequeño borde y selle la orilla con la pasta de harina y agua.

# ENSALADA TAILANDESA DE MANGO Y RES

**ALBAHACA TAILANDESA**

La cocina del sureste asiático se basa en sus jardines de hierbas aromáticas. Una de las más comunes es la albahaca tailandesa de la cual hay tres variedades. La que se consigue con mayor facilidad es la que tiene hojas de color verde oscuro con un tinte morado; tiene un sabor a regaliz que al cocinar se hace más fuerte y la distingue del resto de albahacas de occidente. La albahaca tailandesa es un ingrediente esencial para ensaladas, salteados y curries. Las hojas frescas se utilizan al final del cocimiento para balancear con su fragancia dulce lo condimentado de un platillo. Si no consigue la albahaca tailandesa, sustituya con cilantro fresco.

En un tazón grande, mezcle la leche de coco, ¼ taza de salsa de pescado, ajo picado, 2 cucharadas de azúcar de palma y el cilantro picado hasta integrar. Añade la falda de res y voltee hasta cubrir. Tape y marine a temperatura ambiente por 1 hora.

Quite las semillas y pique el chile jalapeño. En un mortero mezcle los chiles, ajo picado, tallos de cilantro, menta picada y pimienta, muela con la mano del mortero hasta formar una pasta. Vierta la pasta a un tazón grande y mezcle con ⅓ de taza de salsa de pescado, jugo de limón y 1 cucharadita de azúcar de palma. Rocíe con aceite de canola y mezcle al mismo tiempo. Tape el aderezo y refrigere hasta el momento de servir la ensalada.

Pele los mangos y corte su carne en rebanadas delgadas (página 114). Use sólo el bulbo del tallo del lemongrass, pele la capa externa dura, golpee el tallo con la parte plana del cuchillo y corte diagonalmente en rebanadas de 3 mm (⅛ in). Quite las semillas y corte en juliana el chile rojo. Reserve.

Precaliente el horno a 200ºC (400ºF) Prenda el carbón del asador o precaliente a fuego alto la plancha de la estufa.

Retire la carne de la marinada y seque con toallas de papel . Deseche la marinada. Coloque en la parrilla del asador o plancha y selle, dando una sola vuelta, hasta dorar por ambos lados, de 5 a 6 minutos por lado. Con la ayuda de unas pinzas, coloque la carne en una charola de horno con bordes, meta al horno y cocine por 5 minutos más si desea una carne término rojo y 10 minutos si la desea término medio. Pase la carne a una tabla de picar y deje reposar por 5 minutos. Corte en contra del grano en tiras delgadas. Vierta el jugo que soltó la carne durante el rebanado en el aderezo y mezcle; añada la carne, mango, lemongrasss, chile rojo, chalotes y hierbas en juliana. Mezcle hasta cubrir. Acomode hojas de lechuga sobre un platón, cubra con cucharadas de la mezcla de carne y sirva.

RINDE DE 4 A 6 PORCIONES

1 taza (250 ml/8 fl oz) de leche de coco

¼ taza (60 ml/2fl oz) más ⅓ taza (80 ml/3 fl oz ) de salsa de pescado

3 dientes de ajo, picados fino, más 3 dientes de ajo picados

2 cucharadas más 1 cucharadita de azúcar de palma (página 98), finamente picada o azúcar morena

1 cucharada de cilantro (italiano) fresco, picado

500 g (1 lb) de falda de res

2 chiles jalapeños

2 cucharadas de tallos de cilantro, picados y la misma cantidad de menta o hierbabuena fresca, picada

⅛ cucharadita de pimienta negra molida

5 cucharadas (75 ml/2½ fl oz) de jugo de limón fresco

2 cucharadas de aceite de canola

2 mangos

1 tallo de lemongrass

1 chile rojo fresco picante

2 chalotes finamente rebanados

¼ taza (10 g/⅓ oz) de albahaca tailandesa, en juliana y la misma cantidad de menta o hierbabuena fresca, en juliana y de cilantro (italiano) fresco, en juliana

1 lechuga roja

# CREPAS DE FRIJOL MUNG

½ taza (105 g/3½ oz) de frijol seco amarillo mung

1½ tazas (375 ml/12 fl oz) de leche de coco

¾ taza (125 g/4 oz) de harina de arroz

2½ cucharaditas de azúcar

½ cucharadita de sal y la misma cantidad de cúrcuma molida

500 g (1 lb) de camarones grandes o langostinos, sin piel y desvenados (página 115)

2½ cucharadas de salsa de pescado

3 dientes de ajo, picados

¼ cucharadita de pimienta negra, molida

1 cebolla amarilla o blanca

10 champiñones frescos

5 cucharadas (80 ml/3 fl oz) de aceite de canola o el necesario

2 tazas (60 g/2 oz) de germinado de soya mung

1 lechuga roja con las hojas separadas

½ taza ( 15 g/½ oz) de cada una de las siguientes hierbas frescas: tallos de hierbabuena, tallos de cilantro y hojas de albahaca tailandesa

Nuoc Cham (página 111)

Remoje los frijoles mung (*vea explicación a la derecha*). Mezcle los frijoles remojados y la leche de coco. Haga un puré terso. Añada la harina de arroz, 1½ cucharaditas del azúcar, sal y cúrcuma. Procese hasta mezclar bien. Vierta la pasta de frijol mung sobre un colador fino colocado sobre un tazón, tape y refrigere hasta el momento de usar. En otro tazón integre los camarones, salsa de pescado, ajo, 1 cucharadita del azúcar restante y la pimienta. Mezcle y deje reposar por 30 minutos.

Rebane la cebolla delgada, retire los tallos a los champiñones y rebane finamente los botones. En una sartén grande a fuego alto, caliente 2 cucharadas del aceite de canola. Agregue la cebolla y saltee hasta dorar, de 4 a 5 minutos. Añada los champiñones y fría aproximadamente 5 minutos, hasta que se marchiten. Pase a un tazón y añada el germinado de soya. Limpie la sartén con toallas de papel y regrese al fuego alto, caliente 1 cucharada de aceite de canola. Añada los camarones con su marinada y saltee aproximadamente 5 minutos, hasta que estén opacos y cocidos completamente. Agregue a la mezcla de los champiñones.

En una sartén antiadherente de 25 cm (10 in) a fuego medio, caliente 2 cucharadas de aceite de canola. Cuando el aceite esté caliente, vierta ¼ de taza (60 ml/2 fl oz) de la pasta y rápidamente mueva de manera circular hasta cubrir completamente el caldo. Cocine hasta que estén doradas y crujientes las orillas y seco el centro, 5 a 7 minutos. Retire del calor con la ayuda de una espátula ancha, resbale la crepa del lado crujiente hacia un plato. Unte con 3 cucharadas copeteadas de la mezcla de champiñón sobre la mitad de la crepa. Con cuidado doble la crepa sobre el relleno. Repita la operación para hacer 3 ó 4 crepas más. Añada más aceite a la sartén si fuera necesario y distribuya uniformemente los camarones entre las crepas.

Coloque la lechuga y hierbas en los platos. Las crepas se cortan a la mitad, y cada comensal envuelve cada mitad con hojas de lechuga, acompaña con hierbas frescas y rocía con Nuoc Cham.

RINDE DE 8 A 10 PORCIONES

FRIJOLES MUNG

Los frijoles mung son usados en varios guisos de la cocina asiática; su forma más común es en germinado fresco. Esta receta favorita de los vietnamitas contiene frijol mung amarillo. Separe los frijoles de sus vainas. Antes de cocinar los frijoles secos, revíselos y retire las impurezas o los frijoles imperfectos. Enjuague, coloque en un tazón y añada agua hirviendo. Deje remojar por 30 minutos y escurra una vez más.

# SOPAS

*La sopa en Asia tiene dos funciones básicas, forma parte de una comida, por lo general caldo con algunos ingredientes, o es una comida completa incluyendo a menudo tallarines y carne o mariscos. La sopa de miso japonés con trozos de tofu y alga quedará perfecta con cualquier menú para la hora de la cena, mientras que la sopa malaya de coco o la sopa indonesa de pollo y fideo por sí misma será suficiente aún para el comensal más hambriento.*

# SOPA MISO DE ALGAS Y TOFU

Si utiliza el *konbu,* remoje con agua caliente hasta cubrir, aproximadamente 20 minutos, hasta suavizar. Si usa *wakame,* remoje con agua caliente hasta cubrir para suavizar durante 10 minutos. Escurra y corte en tiras delgadas de 10 cm (4 in) de largo por 3 mm (⅛ in) de ancho. Reserve.

Coloque en una olla pequeña agua a tres cuartas partes de su capacidad y hierva a fuego medio. Añada el bloque de tofu y reduzca a fuego bajo. Deje cocer durante 5 minutos a dejar firme. Con cuidado cuele el tofu y coloque en un plato para ensalada. Tape con otro plato. El plato de arriba servirá como peso para retirar el exceso de agua del tofu.

Reserve por 30 minutos. Antes de preparar la sopa, retire el agua y corte cuidadosamente el tofu en cubos de 12 mm (½ in).

En una olla grande sobre fuego bajo, caliente ligeramente el caldo de bonito. Integre batiendo la pasta de miso, *mirin,* vinagre y aceite de ajonjolí. Deje cocer por 5 minutos. Añada el *konbu* o *wakame* y los champiñones, con cuidado agregue los cubos de tofu y las cebollitas de cambray. Sazone la sopa con la pimienta blanca y la sal. No permita que hierba la sopa, porque el tofu se rompería.

Vierta la sopa en tazones precalentados y sirva de inmediato.

*Nota: El wakame es una variedad de alga con hojas verdes rizadas. Las hojas secas se venden en paquetes pequeños. Hidrate ligeramente antes de usarlas en esta receta.*

RINDE DE 4 A 6 PORCIONES.

## KONBU

Este tipo de alga marina seca fundamental para la cocina japonesa, se cosecha principalmente al norte de una isla del Japón llamada Hokkaido. El *konbu* es de color verde aceituna oscura y se vende en pequeños cuadros prácticamente cubiertos con una capa blanca de residuos de sal y tiene un sabor y olor penetrante a marisco. Se usa principalmente para la elaboración del caldo de bonito (página 14), pero también se añade a las sopas y salteados. Nunca enjuague bajo el chorro de agua, ya que su sabor se perdería; es mejor hidratar con una toalla húmeda. Al rehidratarlo, el *konbu* se expande y toma una consistencia crujiente.

90 g (3 oz) de konbu (*vea explicación a la izquierda*) o wakame (vea Nota), limpie con una toalla húmeda

1 bloque de tofu suave 7.5 x 7.5 x 13 cm (3 x 3 x 5 in)

6 tazas (1.5 l/48 fl oz) de caldo de bonito (página 14) o caldo de pollo bajo en sodio

6 cucharadas (90 g/3 oz) de pasta blanca de miso (página 115)

1 cucharada de mirin o vino de arroz chino

1 cucharada de vinagre de arroz

½ cucharadita de aceite de ajonjolí asiático

60 g (2 oz) de champiñones enoki, sin tallo

3 cebollitas de cambray pequeñas, finamente rebanadas diagonalmente

¼ cucharadita de pimienta blanca

⅛ cucharadita de sal

# SOPA MALAYA DE COCO AL CURRY

3 cucharadas de aceite de canola

Pasta de chile (*vea explicación a la derecha*)

3 tazas (750 ml/24 fl oz) de leche de coco

¼ taza de salsa de pescado (60 ml/2 fl oz)

2 cucharadas de jugo de limón y de azúcar de palma (página 98)

1 cucharada de concentrado de tamarindo (página 115)

250 g (½ lb) de langostinos o acamayas

250 g (½ lb) de calamar limpio

12 mejillones

2 cebollitas de cambray

1 cucharadita de sal

500 g (1 lb) de fideo fresco chino redondo delgado de huevo

1 chile jalapeño verde, sin semillas y rebanado delgado diagonalmente

Decoración con omelet (vea Nota, página 10)

1 taza (30 g/1 oz) germinado de soya mung

¼ taza (7 g/¼ oz) de albahaca tailandesa y la misma cantidad de ramas de cilantro fresco

1 limón cortado en rebanadas

En una olla grande a fuego alto, caliente el aceite de canola. Añada la pasta de chile y saltee hasta que suelte su aroma, aproximadamente 2 minutos. Agregue la leche de coco, salsa de pescado, jugo de limón, azúcar de palma, concentrado de tamarindo y 2 tazas de agua (500 ml/16 fl oz) y deje hervir ligeramente. Hierva por 2 minutos y reduzca a fuego bajo por 10 minutos más para que se mezclen los sabores.

Mientras tanto, pele y limpie los langostinos quitando el intestino superior (página 115). Corte el calamar transversalmente en anillos de 2.5 cm (1 in) de ancho. Cepille los mejillones y quite sus barbas. Rebane diagonalmente las cebollitas de cambray en rebanadas delgadas. Reserve.

Hierva agua en una olla grande a tres cuartas partes de su capacidad. Añada sal y la pasta y deje hervir hasta que esté un poco suave, de 2 a 3 minutos. Usando una espumadera de metal, retire la pasta del agua y divida entre tazones individuales precalentados. Añada los langostinos a la misma agua hirviendo, reduzca el fuego a medio y cueza al vapor hasta que los langostinos se vuelvan opacos, aproximadamente 1 minuto. Retire con una espumadera y coloque en un tazón.

Agregue el calamar a la misma agua hirviendo hasta que se opaquen y curveen, aproximadamente 1 minuto. Retire y añada al tazón con camarones. Incorpore los mejillones, descartando los que no se cierren al tocarlos, cocine de 2 a 3 minutos, hasta que se abran. Retire del agua, desechando los mejillones que no se hayan abierto y agregue a los mariscos. Deseche el agua.

Divida los mariscos con la pasta uniformemente entre los tazones. Vierta el caldo caliente del consomé de curry de coco sobre los mariscos también uniformemente. Divida las cebollitas de cambray, rebanadas de chile, adorno de omelet, germinado de soya, albahaca y cilantro y rebanadas de limón uniformemente. Sirva de inmediato.

RINDE DE 4 A 6 PORCIONES

## PASTA DE CHILE MALAYO

La pasta de chile recién hecha da su sabor fuerte a esta sopa Malaya. Para preparar la pasta, muela en un mortero o molcajete: 3 chalotes picados, 2 chiles rojos picantes sin semillas y picados, 2 dientes de ajo picados, el bulbo del lemongrass picado, 1 cucharada de galangal picado (página 113), 1 cucharada de cilantro picado, 1 cucharadita de cúrcuma (turmeric) y ½ cucharadita de pasta de camarón (página 114). Muela todo junto con la ayuda de la mano del mortero hasta formar una pasta. Si lo requiere, agregue 1 cucharada de agua para facilitar la molienda.

# SOPA VIETNAMITA DE FIDEO Y RES

Precaliente el horno a 230ºC (450ºF). En una charola grande para asar coloque los huesos de res en una sola capa. Ase 15 minutos. Mientras tanto, corte en cuartos una de las cebollas. Coloque en un molde para horno con los ajos y el jengibre. Rocíe con el aceite de canola y revuelva con la mezcla de cebollas para cubrir con el aceite. Meta al horno y ase junto con los huesos de res aproximadamente durante 30 minutos, hasta dorar ligeramente. Voltee los huesos de res una vez durante este proceso.

Pase los huesos de res y la mezcla de cebolla a la olla del caldo. Corte la chirivía en cuartos y agregue a la olla con el anís estrella, raja de canela, sal y 3 l (3 qt) de agua. Coloque sobre fuego alto a hervir, mueva ocasionalmente y vaya retirando la espuma de la superficie con una espumadera. Reduzca el fuego a medio y deje hervir ligeramente sin tapar hasta que el caldo tome un color café intenso, aproximadamente 1 hora. Tenga listo un colador de malla fina con una manta de cielo sobre una olla limpia. Retire y deseche los huesos del caldo. Pase el caldo sobre el colador y deseche los sólidos. Añada la salsa de pescado, 1 cucharada de vinagre y la pimienta blanca. Coloque sobre fuego bajo y deje hervir ligeramente.

En un tazón con agua tibia remoje los fideos por 15 minutos. Escurra y reserve. Corte la carne en contra del grano en rebanadas de 3mm (⅛ in) de grueso (página 22). Corte las 2 cebollas restantes en rebanadas delgadas. Rebane delgado y diagonalmente las cebollitas de cambray. En un tazón mezcle las cebollitas con las cebollas, cilantro, salsa de chile y la cucharada restante de vinagre.

Hierva agua en una olla a tres cuartas partes de su capacidad. Añada los fideos escurridos y hierva aproximadamente 2 minutos, hasta que estén suaves. Escurra. Divida los fideos, rebanadas de carne, salsa de chile y cebolla entre los tazones. Cubra con el caldo. Sirva por separado las guarniciones y la Nuoc Cham para que cada comensal se sirva la sopa a su gusto.

RINDE DE 6 A 8 PORCIONES

## GUARNICIONES

Para hacer *pho*, la receta clásica de sopa de res y fideo de Hanoi, empiece preparando un caldo bien sazonado, el cual se vierte sobre fideos de arroz, rebanadas de carne y una selección de verduras. Las verduras en crudo y otras guarniciones son ofrecidas en la mesa para contrastar el sabor y las texturas. Para servir las guarniciones, acomode en un platón 2 tazas (60 g/2 oz) de germinado de soya, 2 chiles jalapeños verdes sin semillas y rebanados diagonalmente, 2 limones rebanados y ½ taza ( 15 g/½ oz) de cada una de las siguientes hierbas frescas: hierbabuena, albahaca tailandesa y ramas de cilantro.

1 kg (1 lb) huesos de res con tuétano

2 cebollas blancas o amarillas

5 dientes de ajo

1 jengibre fresco de 7.5 cm (3 in)

1 cucharada de aceite de canola

2 chirivías o pastinacas, sin piel

5 anís estrella

1 raja de canela

1 cucharadita de sal

¼ taza (60 ml/2 fl oz) de salsa de pescado

2 cucharadas de vinagre de arroz

½ cucharadita de pimienta blanca molida

500 g (1 lb) de fideo de arroz (vermicelli)

500 g (1 lb) de sirloin de res de 13 cm (5 in) de grueso

3 cebollitas de cambray

2 cucharadas de cilantro (italiano) fresco, picado

1 cucharada de salsa de chile Sriracha (página 115)

Guarniciones (*vea explicación a la izquierda*)

Nuoc Cham (página 111) para acompañar el platillo

44

# SOPA PICANTE DE TOFU Y BROTES DE BAMBU

1 taza (90 g/3 oz) de hongos shiitake frescos

1 bloque de tofu firme de 10 x10 x 4 cm (4 x 4 x 1½ in)

5 cebollitas de cambray

⅓ taza (60 g/2 oz) de pechuga de pollo, en juliana y la misma cantidad de sirloin de res, en juliana

½ taza (60 g/2 oz) de brotes de bambú de lata, en juliana

1 cucharada de aceite de canola

1 cucharada de jengibre fresco, sin piel y picado

8 tazas (2 l/64 fl oz) caldo de pollo bajo en sodio

⅓ taza (80 ml/3 fl oz) de vinagre negro (página 76)

2 cucharadas de vino de arroz chino y la misma cantidad de pasta de frijol y chile (*vea explicación a la derecha*)

1 cucharada de salsa de soya oscura y la misma cantidad de aceite de ajonjolí asiático

¼ cucharadita de pimienta blanca, molida

3 cucharadas de fécula de maíz

2 huevos batidos

¼ taza (45 g/1½ oz) de chícharos cocidos

3 cucharadas de jamón ahumado, en juliana

Retire los tallos de los hongos y deseche. Corte los botones en juliana. Corte el tofu en juliana fina. Rebane delgado y diagonalmente las cebollitas de cambray, incluyendo el tallo verde. Reserve.

En una olla grande a fuego alto, hierva 2 l (2 qt) de agua. Añada el pollo, res, brotes de bambú, hongos y tofu; cocine 3 minutos. Escurra y reserve.

Enjuague la olla, coloque sobre fuego alto y caliente el aceite de canola. Agregue 4 de las cebollitas rebanadas y el jengibre, saltee hasta que aromatice, aproximadamente 2 minutos. Vierta la mezcla de tofu con el caldo, vinagre, vino de arroz, pasta de frijol y chile, salsa de soya, aceite de ajonjolí y pimienta blanca. Deje hervir un minuto. Reduzca el fuego a bajo y deje hervir a fuego lento, sin tapar, por 10 minutos más para que se mezclen los sabores.

En un tazón pequeño, mezcle la fécula de maíz con 6 cucharadas de agua (90 ml/3 fl oz). Vierta el huevo batido en forma de hilo delgado sobre la sopa a fuego bajo, se formarán hilos de huevo cocido. (No permita que la sopa hierva, ya que si lo hace se harán huevos revueltos). Lentamente ponga la mitad de la mezcla con fécula en la sopa moviendo constantemente. La sopa se espesará ligeramente. Añada más mezcla de fécula si la desea más espesa.

Vierta la sopa en tazones precalentados. Decore uniformemente con los chícharos, jamón y el resto de las cebollitas de cambray. Sirva de inmediato.

RINDE DE 4 A 6 PORCIONES

PASTA DE FRIJOL Y CHILE

Esta pasta es muy popular en la cocina Sichuan y Hunan, la pasta de frijol y chile es una salsa que principalmente se usa para condimentar; está hecha a base de una mezcla de frijoles de soya fermentados con vinagre, ajo y una mezcla de chiles. Esto le añade un sabor intenso y picante a platillos cocinados en ollas de barro, carnes marinadas y frituras. La puede encontrar en latas o en frascos etiquetados como "pasta picante de frijol" o "salsa sichuan de chile". No confunda la pasta de frijol y chile con pastas de chile o salsas de chile. Los condimentos y sazonadores van desde los dulces hasta los picantes y se hacen tradicionalmente al moler chiles secos y frescos con otros sazonadores para formar una pasta.

# SOPA INDONESA PICANTE DE POLLO Y FIDEO

En una olla sobre fuego alto hierva 8 tazas de agua (2 l/64 fl oz). Añada la cucharada de sal y el pollo y vuelva a hervir. Reduzca el fuego a medio y cocine, sin tapar, hasta que el pollo esté opaco, aproximadamente 30 minutos. Usando unas pinzas pase el pollo a un plato y deje enfriar. Reserve el consomé. Mientras tanto, remoje el vermicelli en agua hasta cubrir por 15 minutos. Escurra y reserve.

Quite las semillas y pique uno de los chiles. Pique 4 chalotes y las rebanadas de jengibre. En un mortero o molcajete mezcle los chiles, los chalotes picados, jengibre, ajo, almendras, lemongrass, cúrcuma y semillas de cilantro; muela hasta formar una pasta. Añada 1 ó 2 cucharadas de agua si fuera necesario para facilitar la molienda. Reserve la pasta de chile. Rebane los 3 chalotes restantes y fría hasta que estén crujientes (*vea explicación a la izquierda*).

En una olla grande sobre fuego medio, caliente el aceite de canola. Añada la pasta de chile y saltee hasta que suelte su aroma, aproximadamente 2 minutos. Vierta el caldo reservado a través de una coladera de malla fina sobre la olla y deje hervir. Reduzca a calor bajo y hierva 15 minutos sin tapar. Incorpore la salsa de pescado y el jugo de limón. Sazone al gusto con sal y pimienta y hierva a fuego lento 5 minutos.

Deshebre el pollo en trozos delgados y deseche los huesos. Parta el chile a lo largo a la mitad, retire las semillas y rebane diagonalmente. Corte los huevos en cuartos a lo largo.

Llene una olla con agua a tres cuartas partes de su capacidad y ponga a hervir. Añada los fideos escurridos y cocine aproximadamente 2 minutos, hasta que estén suaves. Escurra y divida entre tazones precalentados.

Divida uniformemente el pollo deshebrado, germinado de soya, cilantro, cebollitas de cambray y chile rebanado entre los tazones. Cubra con el caldo caliente y decore con los huevos y chalotes fritos. Sirva de inmediato.

RINDE DE 4 A 6 PORCIONES

## CHALOTES FRITOS

Los chalotes, que están cubiertos por una piel de tono café dorado o morado, crecen en forma similar a los ajos, con un grupo de bulbos pequeños enclaustrados unidos por una raíz inferior. Su sabor es más suave que el de la cebolla y se usan mucho al suroeste de Asia como base aromática de sus platillos y se rebanan delgados y se fríen para acompañar sopas, arroz frito o tallarines. Para freír los chalotes caliente 3 cucharadas de aceite de canola o aceite de cacahuate en una sartén pequeña a fuego medio-alto. Añada 3 chalotes finamente rebanados (aproximadamente ½ taza/60 g/2 oz), fría de 7 a 10 minutos hasta que estén crujientes y de color dorado oscuro. Use una cuchara ranurada para escurrir sobre toallas de papel.

1 cucharada de sal, más sal al gusto

250 g (½ lb) de pechugas de pollo con hueso, sin piel y la misma cantidad de muslos de pollo con hueso, sin piel

375 g (¾ lb) de fideo de arroz (vermicelli)

2 chiles jalapeños

7 chalotes

2 rebanadas de jengibre fresco, sin piel

3 dientes de ajo, picados

5 almendras, blanqueadas

2 cucharadas de lemongrass, picado

½ cucharadita de cúrcuma (turmeric), molida

¼ cucharadita de semillas de cilantro, molida

2 cucharadas de aceite de canola

2 cucharadas de salsa de pescado y la misma cantidad de jugo de limón fresco

pimienta negra, molida

3 huevos duros (página 113)

1 taza (30 g/1 oz) de germinado de soya mung

¼ taza (10 g/⅓ oz) de cilantro (italiano) fresco, picado

3 cebollitas de cambray, rebanadas diagonalmente

# SOPA TAILANDESA DE CAMARONES Y LEMONGRASS

4 dientes de ajo

2 chiles serranos, sin semillas y picados

3 cucharadas de ramas de cilantro, picado

1½ cucharaditas de pimienta negra, molida grueso

8 a 10 hongos shiitake frescos

3 tallos de lemongrass

4 rebanadas de galangal fresco (página 113) cada una de 6 mm (¼ in) de grueso

2 cucharadas de aceite de canola o aceite de cacahuate

4 chalotes, finamente rebanados

8 tazas (2 l/64 fl oz) de caldo de pollo bajo en sodio

1½ cucharaditas de ralladura fina de limón

¼ taza (60 ml/2 fl oz) de salsa de pescado y la misma cantidad de jugo de limón fresco

1 cucharada de azúcar de palma picada (página 98) o azúcar morena

500 g (1 lb) de camarón o langostino, sin piel y desvenados (página 115)

¼ taza (10 g/½ oz) albahaca tailandesa y la misma cantidad de cilantro (italiano) fresco, picados

En un mortero o molcajete, mezcle el ajo, chiles, ramas de cilantro y pimienta hasta moler, con ayuda de la mano para formar una pasta gruesa, si fuera necesario añada 1 cucharada de agua para facilitar la molienda. O, si lo desea, mezcle todos los ingredientes en un procesador de alimentos pequeño y muela hasta formar una pasta. Reserve.

Retire y deseche los tallos de los hongos. Rebane delgado los botones. Recorte y machaque los tallos del lemongrass (*vea explicación a la derecha*). Machaque las rebanadas de galangal con un cuchillo de chef.

En una olla para caldo sobre fuego alto, caliente el aceite de canola. Añada los hongos y fría 2 minutos, hasta que se doren. Incorpore el lemongrass, rebanadas de galangal y chalotes y sofría hasta que suelten su aroma, aproximadamente 2 minutos más.

Ponga el caldo, añada la ralladura de limón y deje hervir. Reduzca el fuego a medio, incorpore la pasta de chile y deje hervir a fuego lento de 3 a 4 minutos. Agregue la salsa de pescado, jugo de limón y azúcar de palma y mueva hasta integrar. Deje hervir a fuego lento por 5 minutos para que se mezclen los sabores.

Antes de servir, añada los camarones. Al momento en que se opaquen y cambien de color, aproximadamente 3 minutos, retire la sopa del fuego. Vierta la sopa sobre tazones individuales, decore con las hierbas picadas y sirva de inmediato.

RINDE 6 PORCIONES

PREPARANDO EL LEMONGRASS

El lemongrass, un pasto largo, fibroso, de color verde grisáceo con un bulbo más pálido y un delicado aroma a limón, es un alimento básico en el Suroeste de Asia, en donde es usado para dar sabor a sopas, pasta de curry y otras preparaciones. Para usarlo pele y deseche cualquier hoja seca de la base y recorte y tire la sección de la parte alta del pasto. Para aumentar su sabor cítrico, machaque su base cubriendo con la parte plana de la orilla del cuchillo de chef o con una cuchilla de carnicero antes de usarlo o rebanarlo. Si utiliza piezas grandes de lemongrass, retire del platillo antes de servir.

# ARROCES

*El arroz, nutritivo y reconfortante, es el almidón más comúnmente servido en Asia como guarnición de una miriada de platillos sazonados. Aquí encontrará direcciones sencillas para cocinar una olla de arroz además de recetas en las que el arroz sirve de guarnición como el pescado al vapor y el curry tailandés de res. En el Biryany Hindú y el arroz frito malayo es el ingrediente principal.*

# POLLO CARAMELIZADO CON JENGIBRE

En una olla u horno holandés sobre fuego alto, caliente el aceite de canola. Añada el pollo y selle por todos lados hasta dorar, aproximadamente de 10 a 15 minutos. Pase el pollo a un plato. Escurra la mayor parte de la grasa del cazo. Reserve el cazo sin enjuagar.

Para preparar la salsa de caramelo, mezcle en una olla profunda sobre fuego bajo el azúcar, jugo de limón y 3 cucharadas de agua, mezclando continuamente para disolver el azúcar. En otra olla sobre fuego bajo, mezcle la salsa de pescado, salsa de soya y ¼ taza (60 ml/ 2 fl oz) de agua. Caliente hasta que burbujee y reserve. Eleve la temperatura de la cacerola que contiene el azúcar, deje que hierva sin mover hasta que la mezcla se caramelice y se torne color ámbar, de 10 a 12 minutos. Retire del fuego y cuidadosamente vierta la salsa de pescado caliente a la mezcla de azúcar. El azúcar burbujeará vigorosamente. Mezcle hasta que se forme una salsa tersa y reserve.

Vuelva a colocar el horno holandés a fuego medio. Cuando la grasa del cazo se caliente, añada los chalotes, ajo, 1 cucharada de jengibre y la pimienta. Saltee aproximadamente 2 minutos, hasta que los chalotes se marchiten. Vuelva a colocar las piezas de pollo en el cazo y cubra con la salsa de caramelo. Reduzca el calor a medio bajo, tape y hierva a fuego lento 20 minutos, hasta que el pollo esté tierno. Destape el pollo y continúe hirviendo a fuego lento hasta que la carne esté muy suave, aproximadamente 10 minutos más. Revuelva el pollo una o dos veces mientras se cocina.

Pase el pollo y su salsa a un platón de servicio precalentado. Acompañe con las cebollitas de cambray y la cucharadita de jengibre. Sirva acompañando con el arroz.

*Nota: Los cuadriles son las articulaciones grandes de las alas, la sección que tiene más carne de las alas de pollo o de otro tipo de ave.*

RINDE PARA 4 ENTRADAS O DE 6 A 8 PORCIONES PEQUEÑAS

## PREPARANDO EL JENGIBRE

El jengibre es un rizoma subterráneo fibroso de color ligeramente café, con un sabor dulce, pero picante. El jengibre fresco se usa en juliana, rebanado, picado o rallado en sopas, ensaladas o para guisados al vapor, frituras o platillos asados. Aquí se usa para un platillo de pollo Vietnamita pero se encuentra en todas las alacenas de Asia. Consiga un jengibre firme con piel clara, tersa y brillante. Para retirar su piel, utilice un pelador o cuchillo pequeño filoso. Para rallar el jengibre, utilice la más fina raspa de un rallador manual o un rallador de cerámica plano hecho especialmente para este trabajo.

2 cucharadas de aceite de canola o aceite de cacahuate

1 kg (2 lb) de alas de pollo o cuadriles (vea Nota)

PARA LA SALSA DE CARAMELO:

½ taza (125 g/4 oz) de azúcar

1 cucharada de jugo de limón

¼ taza (60 ml/2 fl oz) de salsa de pescado

1 cucharada de salsa de soya clara

4 chalotes, finamente rallados

2 dientes de ajo, picados

1 cucharada de jengibre fresco, sin piel y en fina juliana, más 1 cucharadita de jengibre fresco, sin piel y en fina juliana

½ cucharadita de pimienta negra, molida

2 cebollitas de cambray, rebanadas diagonalmente

3 tazas (470 g/15 oz) de arroz blanco de grano largo, cocido (página 61)

# CORDERO BIRYANI

500 g (1 lb) de filete de cordero

3 cucharadas de mantequilla, clarificada (página 112)

2 cebollas amarillas o blancas, en rebanadas delgadas, más ½ taza (60 g/2 oz) de cebollas amarillas o blancas, picadas

5 dientes de ajo picados

2 cucharadas de jengibre fresco, sin piel y picado

1 chile verde jalapeño, sin semillas y picado

mezclas de especias (*vea explicación a la derecha*)

½ taza (125 g/4 oz) de yogurt natural

2 cucharadas de jugo de limón

2 cucharaditas de sal

1½ tazas (330 g/10½ oz) de arroz basmati

¼ taza (10 g/⅓ oz) de cilantro fresco, picado

¼ taza (45 g/1½ oz) de nuez de la india sin sal, tostada y picada (página 102)

/4 taza (45 g/1½ oz) de pasitas amarillas (sultanas)

2 huevos duros (página 113), sin cáscara y cortados en rebanadas

Corte el cordero en cubos de 12 mm (½ in). En una olla grande u horno holandés a fuego alto, caliente 1 cucharada de mantequilla clarificada. Trabaje en tandas sellando el cordero hasta dejar muy dorado por todos lados, de 7 a 10 minutos por tanda. Ya listo pase a un plato.

Regrese el horno holandés a fuego medio y caliente 1 cucharada de mantequilla clarificada. Añada 2 rebanadas de cebolla y saltee hasta dejar crujiente y café, de 15 a 20 minutos. Con la ayuda de una cuchara ranurada, pase la cebolla a toallas de papel para escurrir. Mientras que las cebollas se cocinan, en una licuadora mezcle ½ taza de cebolla picada, ajo, jengibre y chile y muela para formar una pasta espesa. Agregue de 1 a 2 cucharadas de agua si fuera necesario para facilitar la molienda.

Precaliente el horno a 180ºC (350ºF).

Regrese el horno holandés a fuego medio-alto y agregue la cucharada restante de mantequilla clarificada. Añada la pasta de ajo y cebolla y sofría hasta dorar, de 5 a 7 minutos. Incorpore la mezcla de especias y cocine hasta que suelten su aroma, cerca de 2 minutos. Agregue las cebollas doradas, el yogurt, el jugo de limón, 1½ cucharaditas de sal y ¼ taza (60 ml/2 fl oz) de agua. Reduzca la temperatura y deje hervir a fuego lento por 2 minutos más para mezclar los sabores. Incorpore el cordero, mezcle, tape y hierva a fuego lento 10 minutos más, hasta que esté muy caliente.

Eleve la temperatura a fuego medio, agregue el arroz al cordero y saltee ligeramente. Añada 2 tazas (500 ml/16 fl oz) de agua y la ½ cucharadita de sal restante, reduzca la temperatura. Mezcle bien, tape y meta al horno. Hornee hasta que el arroz esté bien cocido y la humedad se haya evaporado, cerca de 30 minutos, mezclando una vez durante este proceso. Deje reposar tapado por 10 minutos. Destape, esponje el arroz y el cordero con un tenedor y pase a un platón. Decore con cilantro, nuez de la india, pasitas y los huevos. Sirva de inmediato.

RINDE DE 6 A 8 PORCIONES

MEZCLA DE ESPECIES
En el siglo XVI, los mongoles introdujeron los *Biryani*, platillos elaborados con arroz y carne o vegetales al noroeste de la India. La mezcla de especias o *masalas* usadas en los *biryani*, imparte un delicioso sabor y color a los platillos. Para hacer la mezcla que pide esta receta, tueste y muela una cucharadita de comino y otra de semillas de cilantro (página 21). Pase las semillas molidas a un tazón e incorpore la cúrcuma molida, canela, ½ cucharadita de cardamomo molido, ¼ de cucharadita de nuez moscada y pimienta de cayena, 4 anís estrella y 3 hojas de laurel.

# PESCADO AL VAPOR CON CEBOLLITAS AL JENGIBRE

Mida los filetes por la parte más gruesa. Haga una cama con las mitades de las cebollitas en un plato lo suficientemente grande para poder poner al vapor (*vea explicación a la izquierda*). Coloque los filetes en una sola capa sobre las cebollitas. Tape y refrigere hasta el momento de poner al vapor.

Coloque la vaporera de bambú en el fondo del wok o de una freidora profunda y grande, coloque agua a dejar a 5 cm (2 in) de profundidad. El agua no debe de tocar la vaporera. Hierva el agua sobre fuego alto.

Mientras tanto, en un tazón mezcle el jengibre, ajo, 1 cucharada del aceite de canola, salsa de soya clara, aceite de ajonjolí, salsa de soya oscura, salsa de ostión, azúcar, fécula de maíz y pimienta blanca. Coloque la salsa sobre los filetes de pescado.

Coloque el plato en la vaporera sobre el agua hirviendo, tape herméticamente y deje cocer al vapor sobre fuego alto, 10 minutos por cada 2.5 cm (1 in) de grueso. Retire el plato de la vaporera con cuidado y pase los filetes a un platón precalentado. Deseche la cama de cebollitas y vierta el resto de la salsa que quedó en el platón del pescado.

En un pequeño cazo a temperatura alta, caliente la cucharada restante del aceite de canola hasta que empiece a humear. Coloque las cebollitas en juliana sobre cada filete. Rocíe con cuidado el aceite caliente sobre el pescado y acompañe con el arroz.

RINDE DE 4 A 6 PORCIONES.

## COCINANDO AL VAPOR EN UN WOK

Un wok se puede convertir fácilmente en vaporera. Coloque el wok en la parte superior de la estufa y vierta agua de 5 a 7.5 cm (2-3 in) de profundidad. Coloque una vaporera de bambú o una rejilla de pastel en el wok, asegurándose de que no toque el agua. Ponga el agua a hervir y coloque el plato que contiene los alimentos en la vaporera. Para asegurar que el vapor circule libremente, el plato debe ser 5 cm (2 in) de diámetro menor que el wok. Cierre herméticamente con una tapa y cocine al vapor hasta que el platillo esté listo.

4 filetes de robalo o lenguado de 185 g (6 oz) cada uno

3 cebollitas de cambray, partidas a la mitad a lo ancho, más 1 en fina juliana

1 cucharada de jengibre fresco, sin piel y en fina juliana

2 dientes de ajo, picados

2 cucharadas de aceite de canola o de cacahuate

1 cucharada de salsa de soya clara

2 cucharaditas de aceite de ajonjolí asiático

1½ cucharaditas de salsa de soya oscura

1½ cucharaditas de salsa de ostión

1 cucharadita de azúcar

1 cucharadita de fécula de maíz

⅛ cucharadita de pimienta blanca, molida

3 tazas (470 g/15 oz) de arroz blanco de grano largo, cocido (página 61)

# ARROZ FRITO PICANTE MALAYO CON CAMARONES

3 chalotes y 3 dientes de ajo, picados

2 chiles rojos picantes, sin semillas y picados

1 cucharadas de galangal, sin piel y picado (página 113)

1 cucharadita de pasta de camarón (página 114)

2 cucharadas de salsa de pescado y la misma cantidad de salsa de soya dulce

1½ cucharadas de jugo de limón fresco

1 cucharadita de salsa Sriracha (página 115)

3 tazas (470 g/15 oz) de arroz blanco de grano largo, cocido y frío (*vea explicación a la derecha*)

1 taza (155 g/5 oz) de zanahoria en cubos

4 cucharadas (60 ml/2 fl oz) de aceite de canola o cacahuate

2 tazas (185 g/6 oz) de col napa

250 g (½ lb) de camarones desvenados (página 115) y cortados en cubos de 6 mm (¼ in)

3 huevos batidos

¼ taza (45g/1½ oz) de chícharos frescos o congelados

3 chalotes, finamente rebanados y fritos (página 48)

En un mortero o molcajete, mezcle los chalotes, ajo, chiles, galangal y pasta de camarones; muela con la ayuda de la mano del mortero. Gradualmente añada 3 cucharadas de agua hasta formar una pasta. O, si lo desea, mezcle los ingredientes en un procesador de alimentos pequeño y muela para hacer una pasta. Reserve la pasta de chile.

En un tazón mezcle la salsa de pescado, salsa dulce de soya, jugo de limón y salsa de chile. Reserve.

Coloque el arroz cocido en un tazón abierto y suavemente presione los montículos para separar los granos. Llene una olla pequeña a tres cuartas partes de su capacidad con agua y ponga a hervir. Añada las zanahorias y cocine por 5 minutos. Escurra y enjuague bajo el chorro de agua fría.

En un wok grande o sartén para freír sobre fuego alto, caliente 3 cucharadas de aceite de canola hasta casi humear. Añada la pasta de chile y fría hasta que aromatice, cerca de un minuto. Incorpore la col, zanahorias y saltee hasta que la col se marchite, cerca de 5 minutos. Agregue los camarones y continúe sofriendo hasta que se opaquen, cerca de 3 minutos. Pase a un tazón.

Vuelva a poner la sartén a fuego alto y agregue la cucharada restante de aceite. Cuando esté caliente añada los huevos y revuelva hasta cuajar ligeramente, cerca de 2 minutos. Agregue el arroz y chícharos y regrese la mezcla de col a la sartén. Saltee hasta que el arroz esté muy caliente, de 5 a 7 minutos. Vierta la mezcla de salsa y continúe el cocimiento hasta que el arroz esté bien sazonado, cerca de 3 minutos más. Pase la mezcla de arroz a un tazón precalentado, decore con los chalotes fritos y sirva.

RINDE DE 4 A 6 PORCIONES

## COCIMIENTO DEL ARROZ

De los diferentes métodos para cocer arroz, el método por absorción es definitivamente a prueba de error. Coloque 1 taza (220 g/7 oz) de arroz blanco de grano largo en una coladera de malla fina y enjuague hasta que el agua salga transparente. Pase el arroz a una olla gruesa y añada 1½ tazas (375 ml/12 fl oz) de agua. Deje hervir y mueva ligeramente el arroz. Reduzca el fuego a bajo, tape y cocine por 20 minutos. No revuelva ni destape. Retire del fuego y deje reposar tapado por 10 minutos. Esponje el arroz con un tenedor antes de servir. Rinde 3 tazas (470 g/15 oz) de arroz cocido.

# CURRY ROJO TAILANDÉS DE RES

En una sartén grande para saltear sobre fuego alto, caliente el aceite de canola hasta que empiece a humear. Añada la cebolla y los pimientos rojo y verde y saltee hasta que se suavicen, de 5 a 7 minutos. Pase a un tazón los vegetales.

Regrese la sartén a fuego medio y añada la leche de coco. Caliente hasta que empiece a burbujear. Incorpore la pasta de curry y deje a fuego bajo hasta que la salsa empiece a burbujear, de 3 a 5 minutos. Vierta la salsa de pescado, azúcar de palma, concentrado de tamarindo y jugo de limón, deje hervir ligeramente. Cocine hasta que la salsa empiece a espesar, de 7 a 10 minutos. Incorpore la res y los vegetales y deje a fuego bajo hasta que la carne se haya cocido bien de 5 a 7 minutos.

Pase el curry a un tazón de servicio precalentado. Decore con los cacahuates y la albahaca y sirva de inmediato con el arroz.

RINDE DE 4 A 6 PORCIONES

## PASTA DE CURRY ROJA TAILANDESA

Para preparar la pasta de curry roja usada en esta receta, mezcle en un mortero o molcajete 2 chiles jalapeños rojos sin semilla y picados; 3 dientes de ajo, picados; 2 chalotes, picados; 1 cucharada de galangal fresco, sin piel y picado (página 113); 1 rama de lemongrass usando sólo el bulbo, picado; 1 cucharada de ramas de cilantro fresco, picado; 1 cucharada de semillas de cilantro, molidas; 2 cucharadas de comino, molido y ½ cucharadita de pasta de camarón (página 114). Muela con la ayuda de la mano del mortero hasta formar una pasta. Si fuera necesario agregue de 1 a 2 cucharadas de agua para facilitar la molienda.

1 cucharada de aceite de canola o de cacahuate

1 cebolla blanca o amarilla, finamente rebanada

1 pimiento verde y 1 rojo (capsicums), sin semilla y rebanado a lo largo en tiras de 6 mm (¼ in)

1 taza (250 ml/8 fl oz) de leche de coco

Pasta tailandesa de chile rojo (*vea explicación a la izquierda*)

¼ taza (60 ml/2 fl oz) de salsa de pescado

2 cucharadas de azúcar de palma, picada (página 98)

1½ cucharaditas de concentrado de tamarindo (página 115)

1 cucharadita de jugo de limón fresco

500 g (1 lb) de filete de res, cortado en contra del grano en rebanadas de 6 mm (¼ in) de grueso

2 cucharadas de cacahuates tostados, sin salar y picados (página 102)

5 ramas de albahaca tailandesa

3 tazas (470 g/15 oz) arroz blanco de grano largo, cocido (página 61)

# CERDO SALTADO EN SALSA DE FRIJOL NEGRO

375 g (¾ lb) de filete de puerco

½ cucharadita de polvo para hornear (bicarbonato de sodio)

¼ cucharadita de sal y la misma cantidad de azúcar

⅛ cucharadita de pimienta blanca, molida

PARA LA SALSA:

1½ cucharadas de frijol de soya negro fermentado, bien enjuagado

1 cucharada de salsa de ostión y la misma cantidad de salsa de soya clara

1 cucharadita de aceite de ajonjolí asiático y la misma cantidad de azúcar y de fécula de maíz

⅛ cucharadita de pimienta blanca, molida

1 cebolla amarilla o blanca

½ pimiento rojo y la misma cantidad de verde (capsicums)

2 cucharadas de aceite de canola

2 dientes de ajo

2 rebanadas de jengibre fresco

1 cucharada de vino de arroz chinoramas de cilantro fresco

3 tazas (470 g/15 oz) de arroz blanco de grano largo, cocido (página 61)

Corte el puerco en cubos de 2.5 cm (1 in). En un tazón mezcle el puerco, polvo de hornear, sal, azúcar, pimienta blanca y 2 cucharadas de agua . Tape y marine en el refrigerador por lo menos 1 hora o hasta 3 horas.

Para preparar la salsa, mezcle en un tazón los frijoles negros, salsa de ostión, salsa de soya, aceite de ajonjolí, azúcar, fécula de maíz, pimienta blanca y ¼ taza (60 ml/2 fl oz) de agua. Reserve.

Corte la cebolla en cubos. Corte las mitades de pimiento en cubos. Reserve. En un wok o sartén para freír sobre fuego alto, caliente 1 cucharada de aceite de canola hasta que casi humee. Añada el ajo y jengibre hasta dorar cerca de 4 a 5 minutos. Con una cuchara ranurada retire el ajo y el jengibre; deseche. Añada la cebolla y los pimientos y saltee hasta que estén suaves, cerca de 5 minutos. Agregue el vino de arroz  y desglase la sartén, mueva raspando los trozos dorados del fondo. Cuando el vino casi se haya evaporado, pase los vegetales a un tazón.

Retire los cubos de puerco de la marinada y seque con papel absorbente. Deseche la marinada. Regrese la sartén a fuego alto y caliente. Añada la cucharada restante de aceite a la sartén. Cuando esté lo suficientemente caliente, agregue el puerco y saltee hasta que se vea opaco y dorado, cerca de 3 minutos. Pase la carne a una coladera y escurra.

Regrese la sartén a fuego alto y caliente fuerte. Añada los vegetales cocidos, el puerco, la salsa y sofría rápidamente hasta que la salsa se caliente, aproximadamente 5 minutos.

Pase el puerco con la salsa a un platón precalentado, decore con ramas de cilantro y sirva con arroz.

RINDE DE 4 A 6 PORCIONES

## FRIJOLES NEGROS FERMENTADOS

Los frijoles negros fermentados a veces llamados salados o en conserva, son frijoles de soya que han sido secados, salados y dejados fermentar hasta volverse negros. Tienen sabor muy fuerte, ahumado y se usan especialmente en la cocina china, como en este sencillo puerco salteado. Antes de usar los frijoles coloque en un colador de malla fina, enjuague cuidadosamente para quitar el exceso de sal y prepare según lo explique la receta. Los frijoles negros fermentados se venden en bolsas de plástico y se mantienen frescos por un año en un lugar frío y seco.

# PLATILLOS CON FIDEOS

*Las despensas asiáticas guardan gran variedad de tallarines hechos de trigo, arroz y frijoles en un sinnúmero de tamaños, formas y texturas. Esta sorprendente variedad invita a la creación de una ilimitada selección de especialidades calientes y frías, desde los tallarines fríos de trigo hasta los tallarines de huevo sofritos que se sirven calientes como guarniciones de comidas con un solo platillo o formando parte de algún menú.*

# POLLO VIETNAMITA ASADO
# CON FIDEOS DE ARROZ

Coloque las piezas de pollo en un tazón grande y poco profundo. En un mortero o molcajete mezcle el ajo, chalotes, ramas de cilantro, galangal, sal y pimienta. Muela conjuntamente hasta formar una pasta, añada 1 cucharada de agua si fuera necesario para facilitar la molienda. Pase la pasta a un tazón y vierta la leche de coco, salsa de pescado, vino de arroz, salsa de soya y aceite de cacahuate. Coloque la marinada sobre las piezas de pollo, voltee el pollo y cubra uniformemente. Tape y refrigere por lo menos 2 horas o por toda la noche.

Prepare su asador al carbón o prenda el horno a 230ºC (450ºF ). Retire el pollo de la marinada y escurra el exceso. Deseche la marinada. Coloque las piezas de pollo en la rejilla del asador o directamente sobre el carbón y ase, volteando las piezas a dorar por ambos lados, de 5 a 7 minutos. Con la ayuda de unas pinzas, mueva las piezas a un lado de la rejilla fuera del fuego directo. Tape y continúe la cocción, voltee una vez hasta que al picar un muslo el jugo salga claro, aproximadamente de 15 ó 20 minutos. Si se cocina en el horno, coloque las piezas de pollo en la rejilla de la charola de horno y ase hasta que al picar un muslo el jugo salga claro, aproximadamente de 35 a 40 minutos. Un termómetro de lectura instantánea insertado en la parte más gruesa del muslo, lejos del hueso, debe registrar 77ºC (170ºF).

Justo antes de que el pollo esté listo, vierta agua en una olla a tres cuartas partes de su capacidad y hierva. Añada el fideo de arroz y cocine hasta suavizar, cerca de 1 minuto. Escurra, coloque en un tazón y mezcle con ¼ taza (60 ml/2 fl oz) de Nuoc Cham.

Coloque los fideos en un platón precalentado y cubra con las piezas de pollo. Decore con el chile, zanahorias y ramas de cilantro. Sirva acompañando con Nuoc Cham.

RINDE DE 6 A 8 PORCIONES

## CILANTRO

El cilantro es una hierba de hoja verde brillante que se conoce también como cilantro fresco (fresh coriander), se encuentra en todas las cocinas de Asia exceptuando Japón. Se parece al perejil italiano de hoja lisa pero tiene un sabor más fuerte y natural. Los cocineros tailandeses machacan sus raíces y tallos junto con chiles y chalotes para preparar la pasta de curry, los cocineros vietnamitas usan abundantes hojas en ensaladas y los cocineros indios muelen las ramas para el chutney. Las semillas de cilantro son pequeñas, redondas y ligeramente cítricas y se tuestan y muelen para preparar los curries tailandeses e hindúes.

1 pollo de (1.5 kg/3 lb), partido

4 dientes de ajo, picados

2 chalotes, picados

1 cucharada de los siguientes ingredientes: ramas de cilantro fresco, picado y galangal fresco, sin piel y picado (página 113)

1 cucharadita de sal

¼ cucharadita de pimienta negra, molida

⅓ taza (80 ml/3 fl oz) de leche de coco

2 cucharadas de salsa de pescado y la misma cantidad de vino de arroz chino

1 cucharada de salsa de soya y la misma cantidad de aceite de cacahuate

250 g (½ lb) de fideo de arroz (vermicelli) remojado en agua caliente por 15 minutos

Nuoc Cham (página 111) para acompañar

1 chile rojo fresco, sin semilla y rebanado finamente

¼ taza (30 g/1 oz) de zanahoria, en fina juliana

4 ó 5 ramas de cilantro fresco

# SOBA FRIA CON SALSA

½ cucharadita de sal

250 g (½ lb) de tallarines soba secos

PARA LA SALSA:

¾ taza (180 ml/6 fl oz) de caldo de bonito (página 14)

3 cucharadas de *mirin* o vino de arroz chino

2 cucharadas de salsa de soya oscura

1 cucharadita de azúcar

3 cucharadas de hojuelas de bonito (página 112)

PARA DECORAR:

2 cebollitas de cambray con rabo, en finas rebanadas diagonales

1 hoja de alga nori, tostada y cortada en juliana (*vea explicación a la derecha*)

½ cucharadita de semillas de ajonjolí

2 cucharadas de daikon rallado, exprimido y seco (vea Nota)

2 cucharaditas de pasta de wasabe

En una olla grande sobre fuego alto, hierva 8 tazas (2 l/64 fl oz) de agua. Añada la sal y los tallarines y deje hervir hasta que se suavicen, de 3 a 4 minutos. Escurra, enjuague bajo el chorro de agua fría y escurra una vez más. Reserve.

Para preparar la salsa, mezcle en una olla sobre fuego bajo el caldo de bonito, mirin, salsa de soya y azúcar; deje hervir a fuego lento. Cocine 2 minutos hasta que se disuelva el azúcar. Añada las hojuelas de bonito y retire del fuego. Deje remojar 1 minuto y vierta la salsa a través de un colador de malla fina hacia un tazón. Deje enfriar a temperatura ambiente.

Use sus dedos para desenredar los tallarines, después acomode haciendo rizos sobre platos individuales. Decore con las cebollitas de cambray, nori en juliana y ajonjolí. Divida uniformemente. Sirva los tallarines con el daikon rallado, wasabe y acompañe con platos individuales con la salsa. Los comensales colocarán una pequeña cantidad de wasabe y de daikon rallado en la salsa, después remojaran cada porción de tallarines en la salsa o la rociarán sobre los tallarines.

*Nota: El daikon es un rábano blanco cilíndrico con un suave sabor y textura crujiente. Pele y ralle con los hoyos medianos de un rallador, después exprima con sus manos el exceso de humedad.*

RINDE 4 PORCIONES

TOSTANDO NORI

*Nori* es un alga marina que se seca y comprime haciendo hojas tan delgadas como una hoja de papel que varían de color en un rango desde el verde oscuro hasta casi negro. Se venden tanto tostadas como sin tostar. Principalmente se usan para envolver sushi o para decorar. Si usted compró *nori* sin tostar, tueste para resaltar su sabor particular. Detenga una hoja de nori con pinzas y pase cada lado sobre la flama de gas varias veces hasta que brille y esté crujiente. Si utiliza estufa eléctrica, detenga la hoja sobre la fuente de calor. Corte el *nori* tostado en juliana con tijeras o desmenuce con la mano.

# ENSALADA DE FIDEO CELOFÁN

Remoje los hongos en agua caliente hasta cubrir por 30 minutos (página 30). Escurra, retire y deseche los tallos y corte los botones en fina juliana. Use sólo la parte clara de la base del tallo del lemongrass, pele y quite la parte gruesa de afuera, golpee el tallo con la la orilla plana de un cuchillo de chef y corte en rebanadas delgadas diagonales. Retire las semillas del chile y corte en finos arillos. Reserve los vegetales.

Sazone el puerco con sal y pimienta blanca. En una sartén sobre fuego alto, fría el puerco hasta que se opaque y se haya cocido, de 3 a 4 minutos. Pase el puerco por un colador y escurra; pase a un tazón grande. Escurra los fideos y añada al tazón con el puerco.

En una olla pequeña a fuego medio, mezcle el jugo de limón, salsa de pescado, azúcar y 1 cucharada de agua. Caliente hasta que se disuelva el azúcar, vierta la mezcla a un tazón y poco a poco vaya batiendo con el aceite de canola.

Añada el pepino, pimiento, chalotes, champiñones, lemongrass, chile y revuelva. Agregue la mezcla del jugo de limón a cubrir.

Cubra un platón con hojas de lechuga y coloque el puerco y fideos sobre ellas; decore con los cacahuates, menta , cilantro y sirva.

RINDE 4 PORCIONES

## SALSA DE PESCADO

Llamada *nuoc mam* en Vietnam y *nam pla* en Tailandia, la salsa de pescado es un sazonador salado y fuerte usado por todo el sureste asiático. Este líquido ámbar es el extracto filtrado de un pequeño pescado (comúnmente anchoas), sal y agua dejado fermentar al sol. El sabor agudo y el aroma acre se suavizan al cocinar. Las salsas de pescado varían. La salsa tailandesa de pescado por ejemplo tiende a ser más pálida y suave que la salsa vietnamita. Ambas son sazonadores esenciales en incontables platillos, como en esta ensalada tailandesa, y base de todas las salsas que se sirven como acompañamiento.

8 hongos shiitake secos

1 tallo de lemongrass

1 chile jalapeño

125 g (¼ lb) de carne de puerco en trozos, molida

½ cucharadita de sal

⅛ cucharadita de pimienta blanca, molida

90 g (3 oz) de fideo celofán, remojado en agua caliente por 30 minutos

3 cucharadas de jugo de limón

2 cucharadas de salsa de pescado

1 cucharadita de azúcar

3 cucharadas de aceite de canola

1 taza (155 g/5 oz) de pepino, sin piel ni semillas, cortado en juliana (página 113)

½ taza (125 g/4 oz) de pimiento rojo (capsicum), sin piel y en juliana

3 chalotes, finamente rebanados

8 hojas de lechuga roja

2 cucharadas de cacahuates sin sal, tostados y picados (página 102)

1 cucharada de menta fresca, rebanada y la misma cantidad de cilantro fresco rebanado

# FIDEOS MALAYOS SALTEADOS CON RES

375 g (¾ lb) de tallarines en bastón frescos, o secos y planos, de arroz

250 g (½ lb) de filete de res

1 cucharadita de fécula de maíz

¼ cucharadita de sal y la misma cantidad de azúcar

⅛ cucharadita de polvo para hornear (bicarbonato de sodio)

3 cucharadas de caldo de res bajo en sodio o de pollo

1 cucharada de salsa de pescado y la misma cantidad de salsa de soya oscura y de salsa dulce de soya

1 cucharadita de vinagre de arroz

½ cucharadita salsa de chile Sriracha (página 115)

3 cucharadas de aceite de canola

2 dientes de ajo, picados

1 cucharada de jengibre fresco, sin piel y picado

1 cebolla amarilla o blanca, finamente rebanada

1 taza (125 g/4 oz) de pimiento rojo (capsicum), en juliana

½ taza (10 g/½ oz) de germinado de soya mung

¼ taza (10 g/⅓ oz) de cebollines chinos o aji-cebollín (vea explicación a la derecha)

Si utiliza tallarines de arroz en bastón, remoje en agua caliente hasta cubrir por 30 minutos y después escurra. Corte la carne en contra del grano en tiras de 10 cm (4 in) de largo por 6 mm (¼ in) de ancho. En un tazón mezcle la fécula, sal, azúcar, polvo para hornear, 1 cucharada de agua e incorpore las tiras de carne de res y revuelva mezclando. Tape y marine en el refrigerador por 30 minutos.

En otro tazón mezcle el caldo, salsa de pescado, salsa de soya oscura, salsa de soya dulce, vinagre de arroz y salsa de chile. Reserve.

En un wok o sartén para freír sobre fuego alto, caliente 2 cucharadas de aceite de canola hasta que esté muy caliente. Añada el ajo y jengibre y saltee hasta que desprendan su aroma, de 4 a 5 segundos. Agregue la cebolla y pimiento y saltee hasta que se suavicen, de 3 a 4 minutos. Pase los vegetales a un tazón.

Regrese el wok a fuego alto y añada la cucharada restante de aceite hasta que esté muy caliente. Retire la carne de res de la marinada y seque con toallas de papel. Deseche la marinada. Añada la carne de res al wok y sofría hasta que se opaque, cerca de 2 minutos. Pase la carne a un colador y deje escurrir.

Regrese el wok a fuego alto y añada la mezcla de la salsa de pescado. Deje hervir y añada los tallarines reconstituidos y los vegetales salteados. Tape y deje a fuego bajo hasta que la salsa haya sido absorbida casi por completo por los tallarines, aproximadamente 2 minutos para los tallarines frescos y 4 minutos para los secos. Destape, regrese la carne al wok y añada los germinados de soya y cebollines chinos. Saltee hasta que la carne se caliente, cerca de 2 minutos. Pase a un platón de servicio precalentado y sirva de inmediato.

RINDE DE 4 A 6 PORCIONES

## CEBOLLINES CHINOS

El término de *cebollines chinos* se aplica a un trío de cebollines usado en la cocina china y del sureste de Asia. En su florecimiento los cebollines tienen un color verde oscuro, tallos firmes y pequeños bulbos punteados, con un sabor fuerte. Los cebollines amarillos son largos de hojas de color amarillo pálido (son blanquedos al privarlos del sol cuando maduran), con un sutil sabor dulce. Cuando crecen al sol, estos mismos cebollines tiene hojas color verde esmeralda y un placentero sabor a ajo y cebolla de donde se origina su nombre de aji-cebollin.

# PESCADO SALTEADO CON FIDEOS

Precaliente el horno a 200ºC (400ºF).

Para preparar los tallarines, ponga agua en una olla a tres cuartas partes de su capacidad y hierva. Separe los tallarines con sus dedos y añada al agua hirviendo, deje hervir hasta que se suavicen, de 2 a 3 minutos. Escurra y enjuague bajo el chorro de agua fría, vuelva a escurrir. En un tazón grande, mezcle los tallarines con el aceite de ajonjolí, sal, cebollitas de cambray y ajonjolí. Use sus dedos para distribuir los sazonadores uniformemente y separar la madeja de tallarines.

En una sartén antiadherente de 25 cm (10 in) a fuego medio-alto, caliente de 2 a 3 cucharadas de aceite de canola. Coloque los tallarines en un cazo y presione con un plato pequeño. Cocine hasta que estén dorados en la base, de 7 a 10 minutos. Ajuste el calor para que los tallarines se doren pero no se quemen. Levante los tallarines y ponga 2 cucharadas de aceite de canola debajo de ellos. Voltee y cocine hasta que se doren por el otro lado, de 7 a 10 minutos. Páselos a una charola de horno forrada con toallas de papel para que se escurran.

Mientras tanto, cocine el pescado. Sazone los filetes con sal y pimienta blanca. En una sartén grande sobre fuego alto, caliente 1 cucharada de aceite de canola. Acomode los filetes en una sola capa y cocine, volteando una sola vez para dorar por ambos lados, de 2 a 3 minutos por lado. Coloque los pescados sobre una charola de horno y hornee 5 minutos por cada filete de 2.5 cm (1 in) de grueso y 10 minutos para filetes de 5 cm (2 in) de grueso. Reserve la sartén sin limpiar.

*(Continúe en la siguiente página.)*

## VINAGRE NEGRO

Los vinagres negros chinos se hacen al fermentar una semilla (arroz, trigo, mijo, sorgo) y dejándola añejar. Por lo general, son de color negro rojizo y tienen un placentero sabor ahumado y picante. China Oriental produce vinagres negros de buena calidad hechos de arroz aglutinado, con un sabor característico que resulta del lento añejamiento. Busque las botellas etiquetadas con "Chinkiang vinegar" el cual es el más fino. El vinagre negro se usa para sazonar sopas, tallarines salteados y asados; para servir como salsa de acompañamiento para los dumplings y para hacer platillos agridulces.

## PARA LOS TALLARINES:

**250 g (½ lb) de tallarines chinos de huevo**

**1 cucharada de aceite de ajonjolí asiático**

**¾ cucharadita de sal**

**¼ taza (37 g/1¼ oz) de cebollitas de cambray, en rebanadas diagonales**

**½ cucharadita de ajonjolí, tostado (página 21)**

**4 ó 5 cucharadas (60-75 ml/2-2½ fl oz) de aceite de canola o cacahuate**

## PARA EL PESCADO:

**4 filetes de salmón o robalo de 185 g (6 oz) cada uno**

**½ cucharadita de sal**

**¼ cucharadita de pimienta blanca, molida**

**3 cucharadas de aceite de canola o cacahuate**

**⅓ taza (80 ml/3fl oz) de caldo de pollo bajo en sodio**

**1 cucharada de salsa de soya oscura y la misma cantidad de vinagre negro**

(vea explicación a la izquierda)

1 cucharadita de vino de arroz chino y la misma cantidad de aceite de ajonjolí asiático

½ cucharadita de salsa de chile Sriracha (página 115)

1 cucharadita de azúcar

½ cucharadita de fécula de maíz

2 cebollitas de cambray, picadas

1 cucharada de jengibre fresco, sin piel y picado y la misma cantidad de chile jalapeño, sin semillas y picado

2 dientes de ajo, picados

1 taza (60 g/2 oz) de hongos shiitake frescos, sin tallo y cortados en juliana

¼ taza (30 g/1 oz) de brotes de bambú de lata, en juliana

PARA DECORAR:

2 cebollitas de cambray, rebanadas finamente en diagonal

1 chile jalapeño, sin semillas y en juliana

Para preparar la salsa, coloque en un tazón pequeño el caldo, salsa de soya, vinagre, vino de arroz, aceite de ajonjolí, salsa de chile, azúcar y fécula de maíz y mezcle.

Vuelva a colocar la sartén que usó para el pescado a temperatura alta y añada las 2 cucharadas restantes de aceite de canola. Cuando el aceite esté caliente, agregue las cebollitas de cambray, jengibre, chile picado y ajo. Saltee hasta que aromaticen, cerca de 2 minutos. Agregue los hongos y los brotes de bambú y continúe salteando hasta que los hongos empiecen a marchitarse, cerca de 2 minutos. Incorpore la salsa y deje hervir a fuego lento. Reduzca la temperatura. Hierva a fuego lento hasta que la salsa espese, de 2 a 3 minutos. Retire del fuego.

Coloque los tallarines sobre una superficie para picar y corte en cuadros. Pase los tallarines a un platón y cubra con los filetes de pescado. Bañe con la salsa. Decore con las cebollitas rebanadas y los chiles en juliana.

RINDE 4 PORCIONES

*(La fotografía aparece en la siguiente página)*

BROTES DE BAMBU

Los brotes de bambú, que tienen forma de cono y están cubiertos de una hoja de papelillo amarillo a verde pálido, se cosechan en primavera y en invierno. Algunas de sus variedades de invierno son particularmente cotizadas por su suave sabor dulce y su agradable textura crujiente. Afuera de Asia los brotes de bambú sólo se consiguen en lata, frasco o en manojos sumergidos en agua, en envases grandes de plástico. Antes de usar los brotes, cocínelos dos minutos en agua hirviendo para quitarles el exceso de sal.

# PLATILLOS CON VERDURAS

*Las verduras son elementos esenciales en la mesa asiática y los cocineros asiáticos siempre insisten en que los productos que compran deben estar muy frescos y ser de la estación. Ente los platillos creados con esta riqueza natural podemos encontrar una sencilla ensalada de pepino marinado, un platón de crujientes ejotes sofritos o suaves chícharos chinos y berenjenas cocidas en una salsa sazonada.*

# ENSALADA TAILANDESA DE PEPINO MARINADO

Pele los pepinos y corte a lo largo, retire con una cuchara las semillas (página 113). Corte a lo ancho en medias lunas de 6 mm (⅓ in) de grueso. Coloque en un colador, espolvoree con 1 cucharadita de sal y revuelva. Reserve y deje escurrir por 1 hora. Seque los pepinos.

En una olla pequeña a fuego medio, mezcle el azúcar, la cucharadita restante de sal y el vinagre. Caliente hasta que el azúcar y la sal se disuelvan, cerca de 2 minutos. Retire del fuego y deje enfriar.

Para montar la ensalada, mezcle en un tazón los pepinos salados, chalotes y chile. Vierta la mezcla del vinagre sobre los pepinos y revuelva bien. Decore con las hojas de cilantro. Marine los pepinos por lo menos 1 hora antes de servir.

RINDE DE 4 A 6 PORCIONES

1 kg (2lb) de pepinos

2 cucharaditas de sal

2 cucharadas de azúcar

½ taza (125 ml/4 fl oz) de vinagre de arroz

4 chalotes, finamente rebanados

1 chile jalapeño rojo u otro chile rojo fresco, sin semillas y en juliana

2 cucharadas de hojas de cilantro fresco

## MANEJO DE LOS CHILES FRESCOS

Siempre que usted trabaje con chiles frescos ya sean jalapeños, serranos u otra clase de chile manéjelos con cuidado para evadir el contacto con la capsaicina, el compuesto que les da su picor. Utilice un cuchillo pequeño y filoso para retirar el tallo cortando la carne de alrededor y sacando la membrana completa con las semillas que es donde la capsaicina se concentra. Deseche el tallo y corazón, pique, rebane o corte en juliana como lo marca esta receta. Tan pronto como acabe, lave sus manos, la tabla de picar y el cuchillo con agua jabonosa caliente.

# BERENJENA ASADA ESTILO SICHUAN

750 g (1½ lb) de berenjenas asiáticas (delgadas) (aubergines)

1 cucharada de sal

3 cucharadas de aceite de canola o aceite de cacahuate, o el necesario

PARA LA SALSA:

¾ taza (180ml/6 fl oz) de caldo de pollo bajo en grasa

1 cucharada de pasta de chile y frijol (página 47), la misma cantidad de vinagre negro (página 76) y la misma cantidad de salsa de soya oscura

1½ cucharadita de salsa de soya clara

1 cucharadita de puré de tomate y la misma cantidad de aceite de ajonjolí Asiático

½ cucharadita de azúcar y la misma cantidad de fécula de maíz

2 dientes de ajo, picados

1 cucharada de jengibre fresco, sin piel y picado

¼ taza (45 g/1½ oz) de apio, machacado

1 cucharadita de horseradish, rallado o preparado

125 g (¼ lb) de carne de puerco, molida

2 cebollitas de cambray, finamente rebanadas diagonalmente

Trabaje con una berenjena a la vez, corte diagonalmente en trozos de 2.5 cm (1 in). Coloque los trozos de berenjena en un tazón grande. Añada agua fría hasta cubrir y revuelva con la sal. Coloque un plato sobre los pedazos de berenjena para que se mantengan sumergidos. Remoje por 30 minutos, escurra y seque con toallas de papel.

En un wok o una sartén grande para saltear, a fuego fuerte, caliente 2 cucharadas de aceite de canola hasta que esté muy caliente. Trabajando en 2 tandas, añada la suficiente berenjena para cubrir el fondo del wok en una sola capa y sofría hasta que esté crujiente y dorada por ambos lados, de 7 a 10 minutos. Con la ayuda de una cuchara ranurada pase a un tazón. Repita con el resto de la berenjena, añadiendo más aceite si fuera necesario. Reserve el cazo sin limpiar.

Para preparar la salsa, mezcle en un tazón el caldo, pasta de chile y frijol, vinagre, salsa de soya oscura, salsa de soya clara, puré de tomate, aceite de ajonjolí, azúcar y fécula de maíz. Reserve.

Vuelva a colocar el wok a fuego alto y añada la cucharada restante de aceite. Integre el ajo, jengibre, apio, horseradish y saltee hasta dorar, cerca de 2 minutos. Integre el puerco hasta que la carne se opaque, cerca de 5 minutos.

Añada la salsa y deje hervir. Integre la berenjena y reduzca el fuego, tape y ase hasta suavizar, de 7 a 10 minutos. Destape y hierva a fuego lento por unos minutos más, hasta que espese la salsa.

Pase la berenjena a un tazón precalentado y decore con las cebollitas de cambray. Sirva de inmediato.

RINDE DE 4 A 6 PORCIONES

BERENJENAS ASIÁTICAS
Nativas del sureste de Asia las berenjenas vienen en innumerables formas, tamaños y colores, de alargadas a redondas, grandes o del tamaño de una canica, desde blancas hasta casi negras. Las dos variedades de berenjenas asiáticas más comúnmente usadas en occidente son las largas y delgadas tipo chino o japonés. Las primeras tienen la piel color lavanda mientras que las segundas son generalmente morado oscuro. Ambas son suaves y tiernas y contienen pocas semillas. Use cualquiera de ellas para esta receta, pero asegúrese de rebanar diagonalmente para dejar expuesta la mayor cantidad de carne posible y facilitar el cocimiento rápido y uniforme.

# EJOTES LARGOS PICANTES COCIDOS

**EJOTES LARGOS**

Nacidos en China y en gran parte del sureste de Asia, estos delgados y largos ejotes, del grueso de un lápiz, también conocidos como ejotes "yard-long" o ejotes culebra, se encuentran en dos presentaciones básicas: los ligeramente fibrosos de color verde pálido y los macizos crujientes color verde oscuro. Cuando se cocinan tienen un sabor suave y seco y son crujientes al morderse, a diferencia de los otros ejotes, ya que son miembros de diferentes géneros. El sabor suave de los ejotes largos se mezcla a la perfección con especias y condimentos fuertes como los de esta receta Sichuan. Busque ejotes ligeramente flexibles, pero no completamente blandos, que no tengan manchas negras.

Corte los ejotes en trozos de 7.5 a 15 cm (3-6 in). En un wok o sartén para freír sobre fuego alto, caliente 1 cucharada de aceite de canola hasta que esté muy caliente. Agregue los frijoles y saltee hasta que se doren y ampollen, de 7 a 10 minutos. Pase los frijoles a un tazón. Reserve la sartén sin limpiar.

Para preparar la salsa, mezcle en un tazón el caldo, vinagre, salsa de soya, puré de tomate, salsa de chile, fécula de maíz y azúcar.

Vuelva a colocar la sartén a fuego alto y añada la cucharada de aceite restante y caliente. Añada el ajo, apio, cebollitas de cambray y jengibre y sofría cerca de 2 minutos, hasta que suelten su aroma. Incorpore el puerco, chile y los vegetales en conserva y continúe salteando de 2 a 3 minutos, hasta que el puerco se opaque.

Regrese los frijoles a la sartén y saltee por 2 minutos hasta calentar totalmente. Vierta la salsa sobre los frijoles y saltee hasta que se reduzca y espese, de 3 a 4 minutos.

Pase a un tazón precalentado y sirva de inmediato.

*Nota: El término conserva de vegetales Sichuan, se refiere a los rábanos, lechuga mostaza, col de napa o pastinacas, que han sido empacadas en vinagre, sal, pasta de chile y pimientas en grano Sichuan. La conserva da a los vegetales un sabor salado y una textura crujiente. Se venden empacados en bolsas de plástico, latas y recipientes de cerámica. Enjuague antes de usarlos para retirar el exceso de salmuera*

RINDE DE 4 A 6 PORCIONES

500 g (1 lb) de ejotes largos o ejotes verdes, limpios

2 cucharadas de aceite de canola o aceite de cacahuate

PARA LA SALSA:

2 cucharadas de caldo de pollo bajo en sodio

1 cucharada de vinagre negro ( página 76) y la misma cantidad de salsa de soya oscura

½ cucharadita de puré de tomate y la misma cantidad de salsa de chile Sriracha (página 115)

½ cucharadita de fécula de maíz

¼ cucharadita de azúcar

2 dientes de ajo, picados

3 cucharadas de apio, picado

2 cucharadas de cebollitas de cambray, picadas

1 cucharada de jengibre fresco, sin piel y picado

125 g (¼ lb) de carne de puerco, molida

1 cucharada de chile rojo, sin semillas y picado

2 cucharadas de vegetales Sichuan en conserva, enjuagados (vea Nota)

# ENSALADA DE PAPAYA VERDE

750 g (1½ lb) de papaya verde (aproximadamente 2), sin piel ni semillas y rallada (*vea explicación a la derecha*)

1 zanahoria, sin piel y rallada

4 chalotes, finamente rebanados

1 chile rojo fresco, picante, sin semilla y rebanado en anillos

PARA EL ADEREZO:

2 dientes de ajo, picados

1 chalote, picado

1 cucharadita de azúcar

¼ cucharadita de sal

¼ taza ( 60 ml/2 fl oz) de vinagre de arroz

3 cucharadas de salsa de pescado

2 cucharadas de jugo de limón fresco

2 cucharaditas de salsa de chile Sriracha (página 115)

3 cucharadas de aceite de canola o aceite de cacahuate

2 cucharadas de hojas de cilantro fresco, picadas

En un tazón grande, mezcle la papaya, zanahorias, chalotes y chile hasta integrar.

Para preparar el aderezo, en un mortero o molcajete, mezcle el ajo, chalotes, azúcar y sal. Muela con la mano del mortero hasta formar una pasta. O, si lo desea, mezcle los ingredientes en un procesador de alimentos pequeño y muela hasta formar una pasta. Añada 1 ó 2 cucharadas de agua para facilitar la molienda, si fuera necesario. Pase la pasta a un tazón e integre el vinagre, salsa de pescado, jugo de limón y salsa de chile. Gradualmente rocíe con el aceite de canola mientras continúa batiendo.

Coloque el aderezo sobre la mezcla de papaya, añada el cilantro, revuelva bien y marine  por 1 hora antes de servir.

*Variación: Se pueden usar mangos verdes en vez de papaya. Ralle como lo indica la explicación que está a la derecha*

*Para  Servir: Esta ensalada es una buena guarnición para carnes asadas y arroz.*

RINDE DE 4 A 6 PORCIONES

## RALLANDO PAPAYA VERDE

Los cocineros tailandeses usan la papaya verde cruda como verdura para hacer ensaladas o la pican y sirven con arroz y carnes asadas. Al partirla, esta fruta inmadura tiene un pálido color verde claro y sus semillas son blancas. Para rallar la papaya, retire la piel con un pelador para verduras y corte la fruta a la mitad a lo largo; retire y deseche las semillas. Para rallarla, utilice los hoyos más grandes de un rallador o mandolina y, tomando la papaya por mitad a lo largo, ralle la carne para cortar en julianas largas y delgadas. O, utilice la cuchilla de rallado del procesador de alimentos.

# SALTEADO DE CHÍCHAROS CHINOS Y SALCHICHA CHINA

Hierva agua en una olla pequeña a tres cuartas partes de su capacidad. Pique con la punta de un cuchillo filoso las salchichas a dejar varios hoyos y añada al agua hirviendo. Hierva 10 minutos para retirarles la grasa. Escurra las salchichas y corte en cubos de 6 mm (¼ in).

Mientras tanto, en una olla grande ponga a hervir 8 tazas (2 l/64 fl oz) de agua. Añada sal y los chícharos nieve y deje hervir solamente hasta suavizar, cerca de 5 minutos. Escurra los chícharos y sumerja en agua fría para fijar su color. Escurra otra vez y seque con papel absorbente.

Para preparar la salsa, en un tazón pequeño, mezcle el caldo, vino de arroz, aceite de ajonjolí, fécula, sal, azúcar y pimienta blanca. Reserve.

En un wok o sartén para freír sobre fuego alto, caliente el aceite de canola hasta que esté muy caliente. Agregue el jengibre y ajo y saltee cerca de 1 minuto, hasta que esté crujiente y dorado. Con la espumadera retire y deseche el jengibre y el ajo. Añada las salchichas en cubos a la sartén caliente y sofría cerca de 2 minutos a dejar crujientes. Con la espumadera pase a toallas de papel absorbente a escurrir. Reserve el aceite de la sartén.

Vuelva a colocar la sartén a fuego alto, añada los chícharos nieve y sofría hasta ampollar, de 2 a 3 minutos. Regrese las salchichas fritas a la sartén y vierta la salsa. Continúe el salteado por varios minutos hasta que espese la salsa.

Pase a un tazón de servicio precalentado y sirva de inmediato.

RINDE DE 4 A 6 PORCIONES

## SALCHICHAS CHINAS

Conocidas en cantonés como *lap cheong* las salchichas chinas se secan a la intemperie. Estas salchichas de sabor dulce son preparadas con carne de puerco curado, manteca de puerco, sal, azúcar, especias y vino de arroz. Su color varía de tono desde el rojo profundo hasta el café y son similares en textura y apariencia al salami seco, aunque generalmente son más delgadas y tienen trozos más grandes de carne. Las salchichas más oscuras contienen pato o hígado de puerco. No hay un sustituto ideal para las *lap cheong*, pero se pueden usar las salchichas polacas.

125 g (¼ lb) de salchichas (*vea explicación a la izquierda*) o salchichas polacas dulces

1 cucharada de sal

750 g (1½ lb) de chícharos chinos o de invierno (mangetouts), limpios y sin hebras

PARA LA SALSA:

¼ taza (60 ml/2 fl oz) de caldo de pollo bajo en sodio

1 cucharada de vino de arroz

1 cucharadita de aceite de ajonjolí asiático

1 cucharadita de fécula de maíz

½ cucharadita de sal

½ cucharadita de azúcar

⅛ cucharadita de pimienta blanca, molida

1 cucharada de aceite de canola o aceite de cacahuate

3 rebanadas de jengibre fresco, machacadas con la hoja del cuchillo

2 dientes de ajo

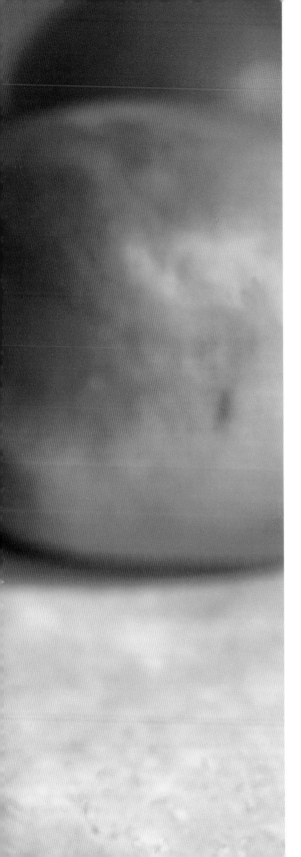

# POSTRES

*El final perfecto para una comida asiática satisface el apetito y limpia el paladar. Los postres son tradicionalmente ligeros, con un leve sabor dulce y por lo general están hechos a base de fruta. Los platillos dulces favoritos como los plátanos fritos rellenos y la sopa cremosa de tapioca cubierta con coco son contrapuntos refrescantes para los platillos sazonados que por lo general los preceden.*

# ARROZ DULCE CON MANGOS

Con un día de anticipación, mezcle en un tazón el arroz con 6 tazas (1.5 l/48 fl oz) de agua y deje remojar a temperatura ambiente toda la noche. Escurra el arroz a la mitad del remojo y vuelva a cubrir con 6 tazas de agua limpia. Al día siguiente, vierta agua en una vaporera a 7.5 cm ( 3 in) de profundidad. Coloque un cuadro de manta de cielo de 50 cm (20 in) sobre la rejilla de la vaporera. Escurra el arroz y coloque sobre la rejilla con la tela. Coloque la rejilla en la vaporera y ponga a fuego alto. Deje que hierva el agua, recoja la manta que cuelga sobre el arroz a dejar floja, tape y deje cocer al vapor por 20 minutos. Retire la rejilla de la vaporera y levante el paquete del arroz. Acomode la rejilla de la vaporera con una nueva manta de cielo e invierta el arroz que estará a la mitad de la cocción sobre la manta. Cubra el arroz con la nueva manta y cueza al vapor sobre fuego alto hasta que los granos del arroz estén suaves, cerca de 20 minutos más.

Mientras tanto, para preparar la salsa número uno, mezcle en una olla sobre fuego bajo la leche de coco, azúcar granulada y sal; mueva hasta que se disuelva el azúcar. Para preparar la salsa número dos, mezcle la crema de coco y azúcar de palma en otro cazo y caliente sobre fuego bajo; mueva hasta que se disuelva el azúcar. Deje reposar ambas salsas a temperatura ambiente para que se enfríen.

Cubra 6 ramekins o refractarios individuales con cuadros de envoltura plástica de 20 cm (8 in). Pase el arroz a un tazón. Con la ayuda de una espátula mezcle gradualmente con la salsa número uno. Divida el arroz entre los refractarios y presione para distribuirlo uniformemente; cubra con la envoltura plástica. Deje reposar a temperatura ambiente por lo menos 30 minutos o hasta por 2 horas. No refrigere. Coloque una hoja de plátano (si la usa) sobre un plato. Destape la envoltura plástica de cada refractario e invierta sobre cada hoja. Levante el refractario y retire el plástico. Decore con 3 ó 4 rebanadas de mango, rocíe con 2 cucharadas de la salsa número dos y espolvoree con el ajonjolí. Acompañe con la salsa restante.

RINDE 6 PORCIONES

## CORTANDO HOJAS DE PLÁTANO

En el sureste de Asia las hojas largas de plátano son usadas para envolver alimentos antes de cocinarlos para evitar que pierdan su jugo. Las hojas también se utilizan para crear decoraciones en los platones de servicio. Generalmente las hojas de plátano se venden congeladas. Para usarlas al decorar es necesario descongelarlas a temperatura ambiente. Límpielas con un trapo húmedo y corte con tijeras en forma de estrellas, triángulos, rombos o lunas crecientes. Coloque la parte brillante hacia arriba sobre los platos y barnice ligeramente con aceite de canola.

1 taza (220 g/7 oz) arroz glutinoso (página 106)

PARA LA SALSA NÚMERO UNO:

½ taza (125 ml/4 fl oz) de leche de coco

¼ taza ( 60 g/2 oz) de azúcar granulada

2 pizcas de sal

PARA LA SALSA NÚMERO DOS:

1 taza (250 ml/8 fl oz) de crema de coco (página 113)

½ taza (125 g/4 oz) de azúcar de palma (página 98) o azúcar morena

1 trozo de hoja de plátano de 60 cm (24 in), limpia y cortada en 6 formas decorativas (opcional) (*vea explicación a la izquierda*)

2 mangos, sin piel y rebanados (página 114)

1 cucharadita de ajonjolí, tostado (página 21)

# TAPIOCA CON CREMA DE COCO

1 taza (185 g/6 oz) de
perlas pequeñas de
tapioca (*vea explicación a
la derecha*)

PARA LA MIEL DE AZUCAR:

¾ taza (185 g/6 oz) de
azúcar de palma (página
98) o azúcar morena

½ cucharadita de
extracto de vainilla

PARA LA CREMA DE COCO:

1 lata (430 ml/14 fl oz) de
leche de coco

1½ cucharaditas de
azúcar granulada

2 pizcas de sal

2 cucharadas de coco seco
en hojuelas, sin endulzar

En una olla grande sobre fuego alto hierva 6 tazas (1.5 l/48 fl oz)
de agua. Agregue las perlas de tapioca en forma continua,
uniforme y lenta, moviendo constantemente. Reduzca la
temperatura y mueva sin tapar durante 30 minutos. Las perlas de
tapioca no estarán cocidas y su centro estará blanco opaco.
Añada 5 tazas (1.25 l/40 fl oz) de agua a la tapioca y continúe
cociendo a fuego bajo sin tapar, hasta que las perlas se vuelvan
totalmente transparentes, cerca de 30 minutos más. Deje enfriar
a temperatura ambiente.

Para preparar la miel de azúcar, en una olla a fuego medio mezcle
el azúcar de palma con 1 taza (250 ml/8 fl oz) de agua y caliente
la mezcla hasta que se disuelva el azúcar y se forme la miel, cerca
de 5 minutos. Añada la vainilla y continúe la cocción de 7 a 10
minutos, hasta que la miel espese lo suficiente para cubrir la
cuchara. Retire del fuego y deje enfriar a temperatura ambiente.

Para hacer la crema de coco, abra la lata de leche de coco sin
agitarla. La leche dentro de la lata tendrá una capa gruesa de
crema. Retire ½ taza (125 ml/4 fl oz) de la crema y vierta a la olla
sobre fuego bajo. Reserve la leche de coco restante para otro uso.
Integre el azúcar granulada y la sal; bata. Hierva a fuego lento
hasta que el azúcar se disuelva, de 2 a 3 minutos. Retire del fuego
y deje reposar a temperatura ambiente.

Escurra la tapioca sobre un colador de malla fina. Coloque
el colador bajo el chorro suave de agua fría durante 1 minuto.
Escurra la tapioca para retirar el agua y divida entre tazones
individuales. Inmediatamente bañe uniformemente con la miel
de azúcar y cubra con la crema de coco. Decore con las hojuelas
de coco y sirva a temperatura ambiente.

RINDE 6 PORCIONES

COCINANDO TAPIOCA
La harina de tapioca, conocida
también como almidón de
tapioca, es un almidón
refinado hecho con los
tubérculos de la planta yuca.
Este almidón se procesa en
forma de gotas y se convierte
en perlas de tapioca, unas
bolitas de color casi blanco
que varían de tamaño desde
el de una semilla hasta el de
un chícharo. Las perlas de
tapioca se usan en postres,
incluyendo este pudín
tailandés, sopas dulces y
bebidas al igual que en
platillos sazonados. Al
cocinarlas se hacen
transparentes y toman una
consistencia gelatinosa. No
use tapioca instantánea en
vez de perlas de tapioca ya
que no logrará el resultado
adecuado.

# FRITURAS DE PLÁTANO

## AZÚCAR DE PALMA

En el sureste de Asia, el azúcar de palma también se conoce como azúcar de coco y es un edulcorante muy popular. Está hecho al hervir la savia de la palma de coco y se vende en una presentación semi-suave en latas o en discos o cilindros duros. El azúcar, que varía desde un color miel hasta un café caoba, tiene un sabor a caramelo. Puede sustituirse por azúcar morena, pero su sabor será menos intenso y complejo. Si el azúcar de palma está muy duro para poder cortarse con cuchara o cuchillo, ralle finamente antes de medir o use un rallador manual para rasurar la cantidad necesaria.

Para preparar la pasta del rebozado, cierna sobre un tazón las harinas de trigo y arroz, el polvo para hornear y la sal. Incorpore el azúcar. Integre batiendo la leche de coco hasta que la pasta se una. No sobre bata. Cubra y refrigere por 30 minutos.

Para preparar el relleno, vierta en un procesador de alimentos los cacahuates, coco, azúcar de palma y sal; pulse hasta dejar bien picado. Añada la mantequilla y pulse varias veces hasta que tome la consistencia de una avena cocida.

Si utiliza plátanos grandes, pele y corte por mitad a lo ancho diagonalmente. Si utiliza plátano dominico pele y deje enteros. Coloque los plátanos en un tazón y mezcle con el jugo de limón. Con la ayuda de un cuchillo filoso, corte a lo largo una abertura de 7.5 cm (3 in) en cada pieza de plátano, formando una ranura. Con la ayuda de un cuchillo para mantequilla, meta 1 cucharadita del relleno a cada ranura. Tenga cuidado de no sobre rellenar los plátanos.

Precaliente el horno 120ºC (250ºF). Coloque una capa de papel absorbente sobre una charola de horno.

Vierta el aceite de canola en una sartén profunda a 10 cm (4 in) de profundidad y caliente hasta que en un termómetro de fritura se registren los 190ºC (375ºF). Cuando el aceite esté caliente, sumerja 4 ó 5 piezas de plátano en la pasta, sacuda a retirar el exceso de la pasta y resbale con cuidado las piezas en el aceite caliente. Fría a dorar de 2 a 3 minutos. Con la ayuda de una espumadera, pase los plátanos a la charola preparada con las toallas de papel; escurra y coloque en el horno para mantenerlos calientes. Repita la operación con el resto de los plátanos permitiendo que el aceite regrese a los 190ºC antes de añadir la siguiente tanda.

Divida los plátanos calientes y crujientes entre platos individuales. Use un colador de malla fina para cernir el azúcar glass sobre los plátanos y sirva.

RINDE 4 PORCIONES

PARA LA PASTA:

½ taza (75 g/2½ oz) de harina de trigo simple

½ taza (60 g/2 oz) de harina de arroz

½ cucharadita de polvo para hornear

⅛ cucharadita de sal

3 cucharadas de azúcar granulada

1 taza (250 ml/8 fl oz) de leche de coco

PARA EL RELLENO:

3 cucharadas de cacahuates, sin salar, tostados (página 102) y picados

2 cucharadas de coco seco en hojuelas, sin endulzar

2½ cucharaditas de azúcar de palma (vea explicación a la izquierda) o azúcar morena

2 pizcas de sal

1 cucharada de mantequilla sin sal

4 plátanos grandes y maduros u 8 plátanos dominicos

1 cucharadita de jugo de limón fresco

aceite de canola o de cacahuate para fritura profunda

azúcar glass

# RASPADO DE FRUTA CON FRIJOLES ROJOS

2½ tazas (315 g/10 oz) de
cubos de hielo

PARA LA MIEL DE AZUCAR:

⅓ taza (90 g/3 oz) de
azúcar

PARA LA CREMA DE COCO:

1 lata (430 ml/14 fl oz) de
leche de coco

3 cucharadas de leche
condensada, sin azúcar

¼ taza (45 g/1½ oz) de
cubos de mango maduro
(página 114) o papaya
(cubos de 6 mm/¼ in)

¼ taza (30 g/1 oz) de cubos
de litchi en lata, escurridos
(cubos de 6 mm/¼ in)

¼ taza (45 g/1½ oz) de
cubos de piña (cubos de 6
mm/¼ in)

¼ taza (30 g/1 oz) cubos de
kiwi (cubos de 6 mm/¼ in)

¼ taza (45 g/1½ oz) de
frijoles azuki endulzados
(página 112), escurridos

1 cucharada de jugo de
limón fresco

En un procesador de alimentos o licuadora de uso rudo, rompa la mitad de los hielos hasta dejar una textura parecida a la nieve. Pase a un tazón grande. Repita con los cubos de hielo restantes, agregue al tazón y guarde en el congelador hasta que se necesiten.

Para preparar la miel de azúcar, en una olla pequeña a fuego medio mezcle el azúcar con ½ taza (125 ml/4 fl oz) de agua y hierva a fuego lento hasta que se disuelva el azúcar. Continúe la cocción de 5 a 7 minutos, hasta que se forme una miel clara. Retire del fuego, deje enfriar y coloque en una pequeña jarra; refrigere hasta el momento de servir.

Para preparar la crema de coco, abra la lata de la leche de coco sin haberla agitado. La leche dentro de la lata tendrá una capa gruesa de crema. Retire ½ taza (125 ml/4 fl oz) de crema y colóquela en un tazón pequeño. Reserve el resto de la leche para otro uso. Añada la leche condensada y bata con la crema de coco hasta dejar una mezcla tersa. Cubra y refrigere hasta el momento de servir.

En un tazón mezcle el mango, litchi, piña, kiwi y frijoles azuki. Agregue el jugo de limón y mezcle para cubrir.

Con una cuchara para servir helado, haga una bola de hielo y coloque en cada tazón individual. Coloque cucharadas de la fruta mezclada sobre el hielo dividiéndola uniformemente. Rocíe la miel de azúcar sobre la fruta y cubra con la crema de coco, dividiéndolas uniformemente entre los tazones. Sirva de inmediato.

RINDE DE 4 A 6 PORCIONES

LA FRUTA DE LITCHI
Nativa del sur de China, el litchi crece de un árbol de hoja perenne en manojos y parece una fresa grande pero con piel más gruesa y rugosa. Cuando se le retira la piel, la fruta tiene carne blanca firme, semi transparente que cubre una semilla brillante y oscura. El sabor del litchi es agridulce, parecido al de una fruta cítrica. Los litchis frescos se pueden encontrar en los mercados desde mediados de verano hasta otoño. Son fáciles de pelar y quitar su semilla. Los litchis enlatados retienen perfectamente su sabor y textura y son excelentes en este refrescante postre Malayo. Escurra el almíbar de los litchis enlatados antes de usarlos.

# GALLETAS AZUCARADAS DE JENGIBRE Y ALMENDRA

Precaliente el horno a 190ºC (375ºF). Coloque papel encerado para hornear en 2 charolas de horno.

En un tazón mezcle la harina, almendras, polvo de hornear, sal y jengibre molido, reserve.

En un tazón, usando una batidora a velocidad media, bata la mantequilla, 1 taza (250 g/8 oz) de azúcar granulada y el azúcar morena hasta dejar una pasta ligera y esponjosa, aproximadamente 3 minutos. Añada el huevo sin batir, la vainilla y el jengibre cristalizado y continúe batiendo a velocidad media hasta integrar por completo, cerca de 30 segundos. Reduzca a velocidad baja, agregue la mezcla de la harina y bata hasta integrar por completo.

Coloque la ½ taza (125 g/4 oz) de azúcar granulada restante en un tazón. Llene otro tazón con agua. Sumerja las manos en el agua y sacuda el exceso (esto evitará que la pasta se pegue a sus manos). Retire una cucharada de la pasta y haga una bola de 4 cm (1½ in) de diámetro con las palmas de sus manos. Revuelque la bola en el azúcar cubriendo uniformemente y coloque sobre la charola preparada. Repita la operación con el resto de la pasta, mojando sus manos después de formar cada bola, dejando separaciones de 5 cm (2 in) entre las bolas sobre las charolas. Barnice con mantequilla la parte inferior de un vaso y sumerja en el resto del azúcar, adelgace las bolas de pasta hasta lograr un grueso de 2 cm (¾ in). Barnice cada bola adelgazada con el huevo batido y presione una almendra en el centro.

Hornee las galletas hasta que estén bien doradas en las orillas y muy ligeramente en el centro, de 15 a 20 minutos. Deje enfriar en rejillas de alambre colocadas sobre charolas de hornear durante 3 minutos. Pase las galletas a las rejillas y deje enfriar a temperatura ambiente. Las galletas estarán crujientes en las orillas y chiclosas en el centro. Conserve en recipientes herméticos a temperatura ambiente hasta por 1 semana.

RINDE 3 DOCENAS DE GALLETAS

### TOSTANDO Y MOLIENDO NUECES

Las almendras y otras nueces son tostadas para aumentar su sabor. Para tostar almendras, precaliente el horno a 190ºC (375ºF) y distribuya las almendras en una charola de horno. Tueste hasta que suelten su aroma y empiecen a tomar color, cerca de 10 minutos. Posteriormente, retire de la charola y deje enfriar completamente. Para nueces con un mayor contenido de grasa como piñones, nuez de la india y cacahuates, reduzca el tiempo de tostado a 7 minutos. Para moler nueces tostadas, coloque en un procesador de alimentos y pulse hasta que tomen la consistencia deseada, no muela demasiado, porque las nueces sacarían su aceite y se formaría una pasta.

2 tazas (315 g/10 oz) de harina de trigo simple

1 taza (170 g/5½ oz) de almendras sin salar, tostadas y finamente molidas (*vea explicación izquierda*)

½ cucharadita de polvo para hornear

¼ cucharadita de sal

⅛ cucharadita de jengibre molido

1 taza (250 g/8 oz) de mantequilla sin sal, suavizada

1½ taza (375 g/12 oz) de azúcar granulada

1 cucharada de azúcar morena

1 huevo más 1 huevo batido

1 cucharadita de extracto de vainilla

3½ cucharadas de jengibre cristalizado, finamente picado

36 almendras sin salar, enteras y sin piel

# TEMAS BÁSICOS SOBRE LA COCINA ASIÁTICA

*Cada país de Asia, desde Japón hasta la India, se ufana de tener una mesa nacional única. Sin embargo, estos vecinos ahora presentan muchos lazos culinarios en el uso del equipo, elección de ingredientes y técnicas culinarias cotidianas.*

## TRADICIONES COMPARTIDAS

La inmigración asiática ha aumentado dramáticamente hacia el occidente en las últimas décadas del siglo veinte. Los pioneros llevaron sus platillos nativos con ellos, y ahora los restaurantes chinos, tailandeses, coreanos, malayos, indoneses, vietnamitas e hindúes son comunes y populares en todo el mundo. Cada cocina ha inspirado su propia identidad característica, desde la mezcla armoniosa del color y textura en los sofritos chinos y las complejas pero suaves especias en una ensalada tailandesa hasta el fuerte picante de los curries hindúes y la sencilla elegancia del tempura japonés.

Una cuidadosa combinación de hierbas y especias y una atención especial hacia los ingredientes complementarios son únicamente dos de las características comunes en todas las cocinas asiáticas. Cuando usted pruebe alguna de las combinaciones de sabor de este libro, también querrá compartir los platillos con su familia y amigos.

## EQUIPO

El wok, llamado de diferentes maneras dependiendo la localidad, es la olla universal para la cocina asiática. Tiene forma de tazón, con base redonda para usarse sobre una estufa de gas o con base plana para una estufa eléctrica. Sus lados, que se abren suavemente, no sólo son buenos conductores del calor, sino que también son barreras eficaces para que no se salgan los ingredientes al hacer sofritos. Los woks son utensilios versátiles y perfectos para sofreír, freír a profundidad, cocinar al vapor y asar. Se pueden encontrar en terminados de acero al carbón, acero inoxidable, aluminio y productos antiadherentes.

Los woks de acero inoxidable y de acero al carbón son muy recomendados, ya que son muy buenos conductores de calor uniforme. Un wok de 35 cm (14 in) con una tapa hermética es ideal para preparar platillos para cuatro o seis personas. Si usa un wok con base redonda, también necesitará un anillo hueco de aluminio como base que se coloca justo sobre el asador de gas. El wok descansa firmemente dentro del anillo, el cual lo detiene firmemente. Si no tiene un wok o no puede encontrar un wok adecuado para su estufa eléctrica, use una sartén ancha y profunda de base gruesa.

Las vaporeras de bambú, que vienen en diferentes tamaños, están hechas de marcos circulares de bambú, su base tiene tiras de bambú y sus tapas están hechas de bambú entretejido. El tamaño más útil es de aproximadamente 33 cm (13 in) de diámetro y cabe apretado en un wok de 35 cm (14 in) sobre el agua hirviendo. Los alimentos se pueden colocar directamente sobre las tiras de bambú de la base o sobre un plato o tazón poco profundo colocado sobre la base (página 58).

El mortero y su mano son herramientas antiguas de molienda que son indispensables en la cocina asiática (página 10). Se usan para moler especias y semillas secas y para hacer pastas complejas de chile para aderezos y curries. Un molino eléctrico para café, reservado únicamente para las especias, es la alternativa rápida y fácil para moler especias tostadas al tamaño deseado, y un procesador de alimentos pequeño es ideal para hacer pastas aromáticas.

Es indispensable tener una buena elección de cuchillos filosos, de buena calidad, siendo el más importante un buen cuchillo de chef . Esta herramienta de corte para todo uso tiene una cuchilla plana y puntiaguda y se puede encontrar en diferentes tamaños. Una cuchilla de 20 cm (8 in) es la adecuada para la mayoría de las tareas. Úsela para rebanar finamente la carne para platillos como la Res en Salsa Barbecue Estilo Coreano (página 22), para picar tosca o finamente chiles, chalotes, ajo, cilantro y demás ingredientes. La cara plana de la cuchilla es útil para machacar lemongrass y jengibre rompiendo sus fibras, y así extrayendo su sabor.

Un afilador de aluminio le ayudará a mantener sus cuchillos bien afilados. Se necesitan cuchillas afiladas para cortar con precisión y seguridad. Las mejores son las de acero, resistentes a las manchas, pues pueden tener filo, no se decoloran al entrar en contacto con alimentos ácidos y no se oxidan.

Otros tres utensilios le ayudarán a cocinar al estilo asiático con más facilidad. Una espátula de mango largo con una base con forma de pala, hecha de acero inoxidable, es muy útil para los sofritos. Su punta redonda se adapta al contorno del wok para levantar y mezclar los ingredientes. (Una espátula de madera puede sustituirla.) Una espumadera de alambre, un colador redondo de maya de acero adherido a un mango largo de bambú, es ideal para retirar los alimentos sólidos de los líquidos. (Un colador de acero inoxidable con mango largo con una base redonda perforada es una buena alternativa.) Un cucharón de acero inoxidable, con un tazón de 10 a 13 cm (4–5 in) de diámetro y un mango largo, es muy valioso para servir sopas y pasar sólidos y líquidos al mismo tiempo. Cuando use un wok antiadherente, necesitará una espátula de madera o utensilios hechos especialmente para cocinar en ollas antiadherentes, para no raspar la base del wok.

# INGREDIENTES

Todas las cocinas asiáticas tienen ciertos ingredientes que son exclusivos, pero muchos de esos alimentos se pueden encontrar en las cocinas de la región. Los tres ingredientes que juegan papeles centrales son: el arroz, los tallarines y el tofu. Si desea más información detallada sobre otros ingredientes asiáticos, vea de la página 112 a la 115.

## ARROZ

El arroz ha sido un elemento básico en la dieta asiática durante cientos de generaciones. La mayoría de los expertos creen que desciende de un pasto que crecía silvestre en la India en tiempos antiguos, y que su cultivo primero se extendió del subcontinente a China, y después a través del sureste de Asia y por último alrededor de mundo. Es un almidón que alimenta y está presente en casi todas las comidas de Asia. Servido con mariscos, carne, pollo y verduras, proporciona una guarnición sencilla para los platillos sazonados.

El arroz que se come comúnmente en Asia es el arroz blanco de grano largo. Los dos tipos de grano largo más apreciados son el basmati y el jasmine. El arroz basmati, ampliamente cosechado al norte de India, tiene granos largos y delgados y un delicado sabor y aroma a nuez. El arroz jasmine tai, que también es de grano delgado y extra largo, debe su nombre a su aroma floral y se aprecia más allá de las fronteras tailandesas. El arroz glutinoso, algunas veces llamado arroz dulce o arroz pegajoso, tiene granos más cortos y es alto en amilosa, un almidón que hace que los granos se hagan muy pegajosos al cocerse.

En el norte de Tailandia y Laos, el arroz glutinoso se sirve tradicionalmente como guarnición para platillos sazonados; en el resto de Asia se usa más comúnmente en los platillos sazonados o dulces. El arroz de grano largo por lo general se cocina por medio del método de absorción (página 61), mientras que el arroz glutinoso por lo general se cuece al vapor.

La fotografía en las páginas 52 y 53 muestra, de izquierda a derecha, el arroz glutinoso de grano largo y el arroz basmati.

## TALLARINES

En la dieta asiática, los tallarines ocupan el segundo lugar después del arroz. Hechos de una gran variedad de granos y legumbres, se saborean en forma de bocadillos, guarnición o como platillos únicos para una cena. Los tallarines se venden en gran variedad de formas y tamaños; se pueden freír, asar, hervir o agregar a sopas y se sirven tanto calientes como fríos.

Cuando compre tallarines puede confundirse porque a menudo se usan diferentes nombres para el mismo tallarín. La clave para identificarlos no es por el nombre en la etiqueta, sino por el contenido del paquete y sabiendo cómo son. Acontinuación nombramos los tallarines más comúnmente usados en los platillos asiáticos.

Los tallarines chinos largos, redondos, amarillo claro de huevo se pueden encontrar frescos o secos y delgados (aproximadamente del tamaño del capellini). Estos tallarines, para todo uso, hechos de harina de trigo, agua y huevos, se usan en sofritos, se sellan en la sartén, asan o mezclan con una sopa. Si no puede encontrar tallarines chinos de huevo de buena calidad, sustituya por pasta italiana fresca o seca.

Los tallarines de raíz secos, etiquetados "varas de arroz" (generalmente cuando son planos) o "vermicelli de arroz" (generalmente cuando son redondos), vienen en diferentes grosores, desde los que son tan delgados como un hilo (de aproximadamente 6 mm/¼ in). Se deben prehidratar en agua caliente por lo menos durante 15 minutos, hasta que estén suaves, antes de usarse en alguna receta. La única excepción es cuando se usan en fritura profunda, por lo general para usar como guarnición; al colocar los tallarines en el aceite caliente se expanden varias veces su tamaño en cuestión de segundos. Los tallarines de arroz fresco por lo general son planos de 12 mm (½ in) de ancho. También puede comprar hojas de tallarines de arroz y cortarlas del grosor deseado. Los tallarines frescos sólo tienen que enjuagarse rápidamente antes de cocinarse. Colóquelos en una olla de agua hirviendo 2 segundos y escurra de inmediato.

Los tallarines celofán son tallarines secos hechos del almidón de frijoles mung. También conocidos como hilos de frijol, son traslúcidos cuando están secos y transparentes después de suavizarlos en agua caliente durante 15 minutos. Los tallarines

suavizados pueden agregarse a platillos sin la necesidad de cocerse más tiempo. Cuando se ponen en alimentos asados o se usan en ensaladas, absorben los sabores de otros ingredientes. Al igual que los tallarines de arroz secos, los tallarines celofán pueden freírse en fritura profunda y usarse como guarnición.

Los tallarines udon son tallarines japoneses blancos y anchos, hechos con masa de harina de trigo y agua. Se venden frescos o secos, pueden ser redondos o planos y se sirven casi siempre en guisados o fritos en la sartén.

Los tallarines soba, secos o frescos, son tallarines japoneses delgados, de color café hechos de harina de trigo sarraceno, una cantidad menor de harina de trigo y agua. Con su sabor ligero a nuez y ricos en proteína y fibra, se sirven fríos acompañados con una salsa o calientes en sopas.

Las fotografías de las páginas 66 y 67 muestran, en el sentido de las manecillas del reloj, iniciando por extremo superior izquierdo, tallarines de huevo, celofán y soba.

## TOFU

Originario de China, el tofu, también conocido como cuajo de frijol, es un producto tipo requesón de alta proteína hecho de frijol de soya. Los frijoles secos se suavizan en agua, se machacan, hierven y por último se cuelan para separar el líquido, o leche, de la pulpa. Se agrega un coagulante a la leche para separar los cuajos del suero y se cuelan y comprimen

los cuajos para hacer almohadillas suaves o bloques firmes. La textura del tofu varía desde el aterciopelado hasta el extra firme y se elige el tipo que se usa dependiendo del platillo que se va a preparar. El tofu fresco absorbe fácilmente los sabores de los alimentos o salsas que lo acompañan y combina bien con una gran variedad de ingredientes. Almacene cubierto de agua dentro del refrigerador hasta por 5 días, cambiando diariamente el agua.

Para hacer el tofu suave, se presionan los cuajos ligeramente para darles forma de pastel. Da como resultado una textura particularmente delicada que se usa en sopas suaves y platillos asados.

Es más fácil trabajar con tofu comprimido y firme que con el tofu suave porque se rompe menos al manejarlo. Se puede cocer al vapor y mezclar con una ensalada además de que puede mantener su forma cuando se sofríe. Entre más firme sea el tofu, absorberá más fácilmente los otros sabores, convirtiéndolo en una buena elección para los platillos preparados con una deliciosa salsa de sazonadores complejos.

El tofu extra firme, que es el más firme, se obtiene al presionar fuertemente los cuajos. Es firme y denso, lo cual le da una textura adecuada para sustituir carne. Al igual que el tofu firme, se impregna con los sabores fácilmente y es una buena elección para los sofritos y los platillos asados.

El tofu frito en profundidad se hace al freír profundamente trozos de tofu suave hasta que la superficie esté crujiente y dorada y el centro esté suave y blanco. Se usa principalmente para la cocina vegetariana y a menudo se asa con fuertes sazonadores. Busque el tofu de fritura profunda, empacado en bolsas de plástico, en la sección de refrigeradores de los supermercados; use dentro de los 3 días posteriores a su compra.

## TÉCNICAS DE COCINA

Al igual que con los ingredientes, ciertas técnicas de cocina son comunes en todas las cocinas asiáticas, y convertirse en un experto en ellas es importante para poder desarrollar comidas exitosas. Dos de las más populares, la fritura profunda y el sofrito, comparten dos características básicas: cocinan los alimentos rápidamente y se pueden hacer en un wok.

### FRITURA PROFUNDA

La fritura profunda se usa ampliamente en Asia tanto para los platillos sazonados como el Tempura de Camarón y Verdura (página 29), como para platillos dulces, como las Frituras de Plátano (página 98). Cuando los alimentos se fríen en profundidad correctamente, obtendrán una costra crujiente, suave y dorada y un interior totalmente cocido. Si usa un wok con base redonda, no olvide usar un anillo para wok para asegurar que la sartén no se caiga durante la fritura. Si no tiene un wok, use cualquier sartén ancha, profunda, con base gruesa. También siempre use aceite con punto alto de ahumado (la temperatura a la cual se puede calentar antes de que empiece a humear). El aceite de canola y el de cacahuate son dos buenas elecciones.

Llene la sartén con aceite a una profundidad de 10 a 13 cm (4-5 in), coloque sobre fuego alto y caliente hasta que el aceite registre los 190ºC (375ºF) en un termómetro para fritura profunda, o a la temperatura indicada en la receta. Cuidadosamente resbale los alimentos dentro del aceite caliente, resbalándolos por las orillas de la sartén, más bien que por el centro. Cocine los alimentos en tandas pequeñas; si agrega demasiados alimentos al aceite al mismo tiempo, la temperatura se reducirá demasiado y los alimentos absorberán el aceite. Ajuste el calor conforme sea necesario para mantener una temperatura uniforme del aceite y use una espumadera de alambre o una cuchara ranurada para voltear y separar las piezas mientras se cocinan. Cuando la comida esté lista escurra sobre toallas de papel, con ayuda de la espumadera o la cuchara, y retire todos los pedacitos de comida o pasta que hayan quedado en el aceite. Siempre espere a que el aceite recupere la temperatura necesaria para freír la siguiente tanda.

### SOFRITOS

Al sofreír se conserva el fresco sabor, color y textura de los ingredientes al freír pequeños trozos de alimentos rápidamente en aceite sobre calor alto, moviendo constantemente para asegurar un cocimiento uniforme. Es un proceso rápido por lo que debe planear y ejecutarlo cuidadosamente. Tenga a la mano todo lo que necesite, tanto los utensilios como los ingredientes, antes de que empiece a cocinar incluyendo los platos precalentados o tazones para servir. De tiempo para que se caliente su wok totalmente y cubra cuidadosamente la sartén con aceite antes de agregar los ingredientes. Una vez que los ingredientes estén en el wok, mézclelos y muévalos vigorosamente para obtener un cocimiento rápido y uniforme.

**1. Reuniendo los ingredientes:** Asegúrese de tener todo listo antes de empezar a calentar su wok. Esto incluye cortar todos los ingredientes en trozos; marinar la carne, si se necesita; mezclar los ingredientes para la salsa en un tazón; y preparar las guarniciones.

**2. Calentando el wok y el aceite:** Para asegurar un calentamiento uniforme y evitar que los alimentos se peguen a la sartén, caliente un wok vacío sobre fuego alto hasta que esté muy caliente, de 30 a 40 segundos. Agregue aceite (use uno con punto alto de ahumado como el de canola o cacahuate), gire la sartén para cubrir el fondo y los lados. O, si lo desea, use una espátula o cuchara de metal o madera para extender el aceite sobre el fondo y las orillas. Permita que el aceite se caliente cerca del punto de ahumado.

**3. Agregando los ingredientes:** Antes que nada, agregue los aromáticos, por lo general el ajo y jengibre, y sofría varios segundos hasta que aromaticen. Agregue los ingredientes que necesiten cocerse, como los vegetales densos o la carne, seguidos por los ingredientes de cocimiento rápido. Sofría y mezcle los alimentos vigorosamente hasta que estén cocidos.

**4. Agregando la salsa:** Si la receta pide una salsa, mézclela rápidamente, vierta en el wok, revuelva para mezclar con los demás ingredientes y cocine hasta que espese ligeramente. Pase rápidamente a un platón, platos o tazones individuales, adorne y sirva.

# RECETAS BÁSICAS

*A continuación presentamos recetas para salsas sazonadas, refrescantes y sabrosas para acompañar chutneys y otros alimentos que enriquecen y acompañan a los platillos que se presentan en este libro:*

## SALSA DE JENGIBRE PARA ACOMPAÑAR:

5 cucharadas (75 ml/2½ fl oz) de vinagre de arroz

¼ taza (2 fl oz) de salsa de soya clara

2 cucharadas de salsa de soya oscura

3 cucharadas de agua tibia

1½ cucharada de azúcar

1 cucharada de aceite de ajonjolí asiático

1 cucharadita de salsa de chile Sriracha (página 115)

2 cucharadas de jengibre, sin piel y picado fino

2 cucharaditas de ajo, finamente picado

2 cucharaditas de chile jalapeño u otro chile rojo picante fresco, sin semillas y finamente rebanado en diagonal

En un tazón pequeño que no sea de aluminio, bata el vinagre, salsa de soya clara y oscura, agua tibia, azúcar, aceite de ajonjolí y salsa de chile, hasta que se disuelva el azúcar. Integre el jengibre, ajo y chile. Use de inmediato o tape y refrigere hasta por 2 días. Rinde aproximadamente 1 ½ taza (310 ml/10 fl oz).

*Para Servir: Ofrezca como salsa de acompañamiento para los Pot Stickers (página 17) y los platillos de tallarines.*

## RAITA

½ taza (75 g/2½ oz) de pepino, sin piel, sin semillas y finamente picado

1½ cucharadita de sal, más la necesaria para sazonar al gusto

2 dientes de ajo, finamente picados

1 taza (250 g/8 oz) de yogurt simple bajo en grasa

2 cucharadas de jugo de limón fresco

½ cucharadita de comino molido

⅛ cucharadita de pimienta blanca, molida, más la necesaria para sazonar al gusto

2 cucharadas de cilantro fresco, finamente picado

Coloque el pepino en un colador, mezcle con 1 cucharadita de la sal, póngalo sobre un tazón y deje escurrir 30 minutos. Seque el pepino con toallas de papel.

En un mortero, combine el ajo con la ½ cucharada restante de sal y muela con la mano del mortero hasta formar una pasta. O, si lo desea, combine los ingredientes sobre una tabla de plástico para picar y machaque con un cuchillo para hacer una pasta. En un tazón combine el pepino y la pasta de ajo con el yogurt, jugo de limón, comino, pimienta blanca y cilantro; mezcle. Pruebe y rectifique la sazón con sal y pimienta blanca. Use de inmediato, o tape y refrigere hasta por 2 días. Rinde 1½ taza (375 ml/12 fl oz).

*Para Servir: Sirva la raita con Cordero Biryani (página 57) y como acompañamiento para otros arroces hindúes y platillos con curry.*

## SAMBAL DE CHILE

8 chiles jalapeños u otros chiles rojos picantes frescos, sin semillas y picados

4 chalotes, picados

6 dientes de ajo, picados

1 cucharadita de azúcar

½ cucharadita de sal

3 cucharadas de aceite de canola o cacahuate

½ cucharadita de pasta de camarón (página 114)

1 cucharada de jugo de limón fresco

En un mortero, combine los chiles, chalotes, ajo, azúcar y sal. Muela con la mano del mortero hasta formar una pasta. Agregue 1 ó 2 cucharadas de agua si fuera necesario para facilitar la molienda.

En una sartén pequeña para freír sobre calor alto, caliente el aceite de canola. Agregue la pasta de chile y saltee varios minutos hasta que la pasta aromatice. Reduzca el calor a medio, integre la pasta de camarones y jugo de limón; continúe salteando hasta que espese la mezcla, de 7 a 10 minutos. Pase a un tazón y deje reposar a temperatura ambiente para que se enfríe. Use de inmediato o tape y refrigere hasta por 2 semanas. Rinde ½ taza (125 ml/4 fl oz).

*Para Servir: El chile sambal se puede pasar a la mesa y usarse para agregar sabor y picor a platillos como la Sopa Indonesia Picante de Pollo y Fideo (página 48), el Arroz Frito Picante Malayo con Camarones (página 61) y los Fideos Malayos Salteados con Res (página 75).*

## CHUTNEY DE CILANTRO Y MENTA

2 tazas (30 g/72 oz) de hojas de cilantro fresco

½ taza (15 g/½ oz) de hojas de menta o hierbabuena fresca

1 chile serrano verde, sin semillas y picado

1 cebollita de cambray, picada

1 cucharada de jengibre fresco, sin piel y rallado

1 diente de ajo, finamente picado

2 cucharadas de cacahuates sin sal, tostados (página 102) y picados

1 cucharadita de semillas de comino, tostadas y molidas (página 21)

½ cucharadita de sal

¼ cucharadita de azúcar

⅛ cucharadita de pimienta negra, molida

¼ taza (60 ml/2 fl oz) de jugo de limón fresco

En un mortero, combine el cilantro, menta, chile, cebollita de cambray, jengibre, ajo, cacahuates, comino, sal azúcar y pimienta negra y muela con la mano del mortero hasta obtener una pasta espesa. Agregue 1 ó 2 cucharadas de agua si fuera necesario para facilitar la molienda. O, si lo desea, combine los ingredientes en un procesador de alimentos pequeño y procese hasta obtener una pasta espesa. Vierta en un tazón e integre el jugo de limón y ¼ taza (60 ml/2 fl oz) de agua. Use de inmediato, tape y refrigere hasta por 4 días. Rinde 1½ taza (375 ml/12 fl oz).

*Para Servir: Sirva el chutney con el Cordero Biryani (página 57) y como acompañamiento para otros platillos de curry y arroz hindúes*

## CHUTNEY DE TAMARINDO

½ taza (125 g/4 oz) de tamarindo concentrado (página 115)

5 cucharadas (75 g/ 2½ oz) de azúcar

1 cucharadita de jengibre fresco, sin piel y rallado

1½ cucharaditas de semillas de comino, tostadas y molidas (página 21)

½ cucharadita de sal

⅛ cucharadita de pimienta de cayena, molida

½ cucharadita de jugo de limón fresco

En un cazo sobre calor bajo, combine el concentrado de tamarindo, azúcar y ¾ taza (180 ml/6 fl oz) de agua, hierva a fuego lento y mezcle hasta disolver el azúcar, aproximadamente 3 minutos. Agregue el jengibre, comino, sal, pimienta de cayena y jugo de limón. Mezcle y continúe hirviendo a fuego lento 5 minutos más para mezclar los sabores.

Retire del calor y deje enfriar a temperatura ambiente. Use de inmediato o tape y refrigere hasta por 1 semana. Rinde 1 taza (250 ml/8 fl oz).

*Para Servir: Sirva el chutney con Samosas de Verdura (página 33) y carnes asadas.*

## NUOC CHAM

3 dientes de ajo, picados

1½ cucharadas de azúcar

3 cucharadas de salsa de pescado

2 cucharadas de vinagre de arroz

2 cucharadas de jugo de limón fresco

1 chile serrano, sin semilla y finamente rebanado en diagonal

1 cucharada de zanahoria, rallada

1 cucharada de daikon, rallado

Usando un mortero y su mano, muela el ajo con el azúcar hasta formar una pasta. O, si lo desea, combine los ingredientes en un procesador de alimentos pequeño y procese hasta formar una pasta. Pase a un tazón e integre la salsa de pescado, vinagre de arroz, jugo de limón y ¼ taza (60 ml/2 fl oz) de agua. Pase a través de una coladera de malla fina sobre un tazón limpio y agregue el chile, zanahoria y daikon. Rinde aproximadamente ⅔ taza (160 ml/5 fl oz).

*Para Servir: Nuoc Cham es un condimento que se ofrece como acompañamiento para muchos platillos vietnamitas, incluyendo los rollos veraniegos (página 26), las crepas (página 37), la sopa de fideo y res (página 44) y el pollo asado con fideos (página 68).*

# GLOSARIO

*Muchas zonas de los países orientales están recibiendo a grandes comunidades asiáticas y tienen tiendas de abarrotes étnicos o supermercados con abastos que manejan una diversidad de clientes y estilos de cocina. Pero incluso si usted no vive en una zona en donde haya tiendas de abarrotes asiáticos, puede buscar tiendas especializadas en alimentos que vendan a menudeo con entrega a domicilio, además el Internet es una excelente fuente para encontrar los ingredientes usados en la cocina asiática auténtica.*

ACEITE DE AJONJOLÍ ASIÁTICO un aceite color ámbar oscuro extraído de las semillas tostadas del ajonjolí blanco, el aceite de ajonjolí asiático, tiene un característico aroma y sabor ligeramente a nuez. A diferencia de los otros aceites usados para cocinar, el aceite de ajonjolí se agrega en pequeñas cantidades ya que es un agente que da sabor a las marinadas y aderezos o se agrega a sopas y platillos asados y sofritos al final del cocimiento.

ALBAHACA TAI Vea la página 34.

ALUMINIO Cuando cocine con ingredientes ácidos como jugos cítricos, vinagre, vino, jitomates y la mayoría de los vegetales, es importante usar utensilios de cocina hechos de material que no sea aluminio como el acero inoxidable, porcelana o vidrio. Los utensilios de cocina hechos con materiales como el aluminio (y, en menor grado, hierro o bronce) reaccionarán con los ingredientes ácidos y pueden impartir un sabor metálico y color grisáceo.

ANÍS ESTRELLA El anís estrella es la semilla seca de un árbol chino de la misma familia que la magnolia. Se usa en muchas cocinas asiáticas y es una vaina con forma de estrella que tiene un sabor distintivo a regaliz que complementa los guisados de carne, verduras asadas, platos de arroz y otros platillos hervidos a fuego lento. Cuando use anís estrella entero en una receta, asegúrese de retirarlo antes de servirlo.

CAMARONES, PELADOS Y LIMPIOS Los camarones a menudo son pelados y limpios antes de cocinarse. Si un camarón aún tiene cabeza, jálela o córtela con un cuchillo. Jale cuidadosamente las patas del interior de la curva de camarón. Retire la cáscara, empezando por la cabeza del camarón. Jale la cola a menos de que la receta pida que se deje.

Algunos camarones tienen un intestino oscuro que se retira principalmente por razones estéticas. Usando un cuchillo mondador, haga un corte poco profundo siguiendo la curva del torso del camarón justo por debajo delintestino Resbale la punta del cuchillo bajo el intestino, levántelo y jálelo; enjuague el camarón bajo el chorro de agua fría.

CASTAÑAS DE AGUA Las castañas de agua frescas son tubérculos del tamaño de una nuez, de color café oscuro que crecen en lagunas, arroyos y ríos. La carne blanca dentro del vegetal es dulce, con ligero contenido de almidón y textura crujiente. Las castañas de agua frescas se venden en los mercados asiáticos y deben pelarse antes de usarse. Es más fácil encontrar las castañas de agua que

vienen en lata, que no tienen que pelarse pero deben enjuagarse.

CILANTRO Vea la página 68.

CHILES Los chiles frescos y secos son ingredientes importantes en las cocinas de muchas regiones de China y el sureste de Asia. En todas las variedades de chile, entre más pequeños y verdes sean, su carne será más picante. Los chiles rojos son la versión madura de los chiles verdes. Para reducir el picor de los chiles frescos, corte cuidadosamente las venas, o membranas y deseche las semillas (página 82).

*Jalapeño:* Chile ancho que mide de 7.5 a 10 cm (3–4 in) de ancho. Se puede encontrar rojo o verde, los jalapeños son chiles llenos de sabor recomendados para cualquier uso que van desde los ligeramente picantes hasta los muy picosos. El jalapeño rojo, o maduro, es menos común en los supermercados que el verde; se puede sustituir por serrano rojo.

*Serrano:* Chile cilíndrico de piel suave que mide de 5 a 7.5 cm (2-3 in) de largo. Los chiles serranos son verdes o rojos, tienden a ser más picosos que los jalapeños.

*Tai:* Chile pequeño rojo o verde que mide aproximadamente 2.5 cm (1 in) de largo. También conocido como chile pajarito o chile ojo de pájaro, el chile tai es más fuerte que los demás chiles y está entre los chiles frescos más picosos usados en la cocina asiática. Para agregar más picante a algún platillo sustituya los chiles jalapeños o serranos por chiles tai.

FRIJOLES AZUKI Los pequeños frijoles azuki secos, también conocidos como frijoles azuki o frijoles rojos, se remojan, hierven y endulzan con azúcar antes de enlatarse. Se usan principalmente para los postres asiáticos y se agregan enteros a las sopas dulces y a las bebidas de leche de coco, ya sea a cucharadas o en forma de hielo rallado. Cuando use los frijoles enteros en una receta, colóquelos en una coladera de malla fina y enjuague brevemente para retirar el exceso de miel.

GALANGAL También conocido como jengibre tai, es usado en la cocina de Cambodia, Laos e Indonesia. Este rizoma de color crema con anillos delgados de color negro y tallos rosados, tiene un característico sabor picante y ligeramente a nuez y una textura gruesa. Retire su piel con un pelador de verduras o con un cuchillo mondador antes de usarlo.

HARINA DE ARROZ El arroz crudo de grano largo se muele para producir una harina que se usa para hacer tallarines de arroz, papel arroz y es un ingrediente usado en masas para crepas, frituras y pasteles hechos al vapor. Este tipo de harina de arroz no debe confundirse con harina de arroz glutinoso, que está hecho de arroz glutinoso de grano corto y se usa para hacer dumplings y postres que tienen una consistencia chiclosa.

HOJUELAS DE BONITO Estas hojuelas delicadas, coloridas y casi translucidas, se rallan de un pescado bonito que se ha dejado secar y ahumar. Las lajas tienen un sabor y aroma suave a pescado y son uno de los ingredientes principales en las salsas de acompañamiento y caldo de bonito o en el dashi (página 14), un caldo de pescado japonés tradicional. Las hojuelas de bonito también se espolvorean sobre verduras cocidas y pescados fritos como adorno. Para mantenerlas frescas, almacénelas en un recipiente hermético en un lugar seco y fresco.

HONGOS ENOKI Con un delicado sabor, los hongos enoki crecen en racimos pequeños. Tienen pequeños botones de color blanco y sus tallos delgados miden de 5 a 7.5 cm (2 –3 in) de largo. Su suave sabor y textura hace que estos hongos sean adecuados para usarse como un ingrediente o como un adorno para ensaladas, sopas claras y platillos asados.

HONGOS SHIITAKE Los hongos shiitake frescos varían desde el color piel hasta el café oscuro. Sus botones son suaves y planos. Sus tallos son duros y deben cortarse y desecharse. Los hongos también se pueden encontrar secos y a menudo se venden como hongos chinos negros secos. Los hongos secos deben prehidratarse en agua hirviendo antes de usarse en alguna receta (vea la página 30).

HUEVOS, CRUDOS Los huevos algunas veces se usan crudos o parcialmente cocidos en algunas recetas incluyendo el Udon con Huevos y Tofu (página 14). Estos huevos corren el riesgo de estar infectados con salmonela u otra bacteria, que puede llevar a envenenamiento de las personas. Este riesgo es mayor para los niños pequeños, ancianos, mujeres embarazadas o cualquier persona que tenga un sistema inmunológico débil. Si es sano y se preocupa por su seguridad, no consuma huevos crudos.

HUEVOS, DUROS Algunos platillos asiáticos, incluyendo la Sopa Indonesa Picante de Pollo y Fideo (página 48) y el Cordero Biryani (página 57) se decoran con huevos duros. Es fácil cocer demasiado los huevos duros, lo cual hará que sus yemas tengan un color verde desagradable y una textura muy seca.

Para hacer huevos duros, coloque los huevos en un cazo y agregue agua fría para cubrirlos por 5 cm (2 in). Hierva sobre calor medio. Cuando el agua empiece a hervir, retírelos del fuego, tape y déjelos reposar en el agua durante 20 minutos. Enjuague bajo el chorro de agua fría para enfriarlos y pele.

JENGIBRE Vea la página 54.

KIMCHI La col se fermenta con salsa de chile, ajo, jengibre, sal y otros sazonadores para hacer un condimento sazonado y picante que puede disfrutarse con platillos coreanos como la Res con Salsa Barbecue Estilo Coreano (página 22). La col se marina por lo menos durante 24 horas antes de servirse y entre más tiempo se marine, adquirirá un sabor más fuerte. El kimchi se vende en recipientes o botes de plástico.

LECHE Y CREMA DE COCO A pesar de su nombre, la leche de coco no es un producto lácteo, sino que está hecho al procesar coco rallado sin azúcar y agua. Este ingrediente esencial para la cocina del sureste de Asia se usa en una amplia gama de platillos, desde sopas y salsas hasta curries y postres. Antes de abrir una lata de leche de coco, agite bien para mezclar la leche y la crema. Si alguna receta pide crema de coco, abra la lata sin agitarla y saque cucharadas de la capa gruesa de crema que hay en la superficie. El líquido restante en la lata será leche de coco ligera.

MANGO Cultivado primero en India y ahora en gran parte del sureste de Asia, esta fruta aromática de forma oval tiene piel de diferentes colores, desde el verde hasta el amarillo claro o naranja. La pulpa amarilla clara o fuerte es dulce, jugosa y aromática. Los mangos suaves y maduros se saborean en postres. Cuando están duros y verdes, se rallan para usarse en ensaladas o para hacer en salmuera.

Para rebanar mangos, primero pélelos, colóque su lado delgado sobre una tabla de picar. Usando un cuchillo filoso y colocándolo cerca del centro, corte la pulpa de uno de los lados del hueso en una sola pieza. Coloque cada mitad de mango cortada hacia abajo y corte a lo largo en rebanadas de 6 mm (¼ in) de ancho. Retire la carne que cubre el hueso.

MANTEQUILLA CLARIFICADA Este tipo de mantequilla se obtiene al hervir mantequilla a fuego lento hasta que se evapore el agua retirando y preservando el líquido que se separó de los sólidos de la leche. Se usa principalmente en la cocina hindú, conocida por el nombre de ghee, y contribuye proporcionando a los platillos un delicioso sabor a mantequilla. Es menos perecedera que la mantequilla y es ideal como medio de fritura, ya que su punto de ahumado es muy alto.

Para hacer mantequilla clarificada, derrita 1 taza (250 g/8 oz) de mantequilla sin sal en un cazo pequeño sobre calor bajo. Hierva a fuego lento sin mover, hasta que los sólidos blancos de la leche se depositen en el fondo del cazo y empiecen a dorarse, cerca de 20 minutos. Retire con cuidado la espuma que se forme sobre la mantequilla derretida y deséchela. Retire del calor, deje enfriar ligeramente y vierta el líquido claro a través de una coladera de malla fina hacia un recipiente de vidrio, retirando los sólidos blancos de la leche. Deseche los sólidos. Tape y refrigere hasta por 3 meses.

MIRIN Un ingrediente importante en la cocina japonesa, el mirin es un vino dulce para cocinar que se hace al fermentar arroz y azúcar. El vino dorado claro y enmielado proporciona un delicioso sabor y brillo traslúcido a las salsas, aderezos, carnes asadas y platillos hervidos a fuego lento.

PAPEL ARROZ Vea la página 26.

PASTA DE CAMARÓN Este auténtico sazonador indispensable en la cocina del sureste de Asia está hecho de camarones molidos, salados y fermentados. La pasta color púrpura pálido o rosa tiene un aroma muy fuerte y un sabor intenso que disminuye cuando la pasta se agrega a una salsa, curry u otro platillo cocido. La pasta de camarón se puede encontrar en frascos y recipientes o en forma de bloque. Debido a su fuerte aroma, esta pasta debe almacenarse en un recipiente hermético dentro del refrigerador.

PASTA DE MISO BLANCO La pasta de miso, rica en proteína, está hecha de frijol de soya fermentado combinado con cebada, arroz o trigo. Hay varios tipos de miso, que se diferencian por el tipo de grano usado. El miso blanco, o shiro miso, hecho de frijol de soya y arroz, es de color amarillo pálido y tiene un sabor suave. Su sabor ligeramente dulce es apreciado en muchas sopas japonesas, salsas y marinadas para mariscos y vegetales.

PASTA DE WASABE Un ingrediente único del Japón sumamente picante de color verde claro, la pasta de wasabe es un condimento clásico para sushi, sashimi y tallarines fríos de soba. La pasta genuina de wasabe se hace al moler la raíz de la planta de wasabe, un ingrediente que es difícil de encontrar fuera del Japón. La pasta de wasabe preparada, que se vende en recipientes, es un buen sustituto. Se puede usar wasabe en polvo, empacado en latas pequeñas, en lugar de la pasta preparada. Para reconstituir el polvo de wasabe, ponga un poco del polvo en un tazón pequeño y agregue suficiente agua tibia para hacer una pasta bastante densa, moviendo para integrar por completo.

PEPINOS, PELANDO Y DESEMILLANDO Se recomienda retirar la piel de los pepinos cuando la piel se ha encerado o si tiene un sabor amargo. Cuando use pepinos en ensaladas u otros platillos, también retire las semillas.

Para pelar un pepino, use un pelador de verduras. Para retirar las semillas, rebane a la mitad a lo largo. Use una cuchara para melón o una cuchara y retire las semillas y la pulpa que tienen alrededor.

PLÁTANO DOMINICO Esta variedad de plátanos pequeños varía de color desde el amarillo hasta el rojo y crece en pencas apretadas que tienen forma de mano. Su textura es firme y su consistencia es cremosa. Se usan para postres como sopas con leche de coco y pudines de arroz pegajoso. En algunos lugares del sureste de Asia, se asan a la parrilla o se sumergen en pasta y se fríen.

### POLVO DE CURRY MADRAS
Originario del sur de India, esta mezcla de especias molidas se usa principalmente en la cocina del sureste de Asia para sazonar curries, sopas con base de coco, carnes y verduras. El polvo aromático con ligero sabor a especia por lo general está hecho con cúrcuma (turmeric), comino, cilantro, canela, cardamomo y granos de pimienta negra. Almacene el polvo de curry en un lugar fresco y seco. Al igual que otras especias y hierbas secas, puede perder potencia después de 2 meses y tiene que sustituirse.

### SALSA DE CHILE SRIRACHA
Originaria del sur de Tailandia, esta salsa para uso general, se usa en pequeñas cantidades para agregar sabor a ensaladas, sopas de tallarines y una gran variedad de otros platillos cocidos. También es un condimento que se ofrece en la mesa en muchos restaurantes del sureste de Asia. La salsa de color naranja rojizo brillante es una mezcla de chiles molidos, jitomates, vinagre, ajo, sal y azúcar.

### SALSA DE OSTIÓN
Vea la página 18.

### SALSA DE PESCADO
Vea la página 72.

### SALSA DE SOYA
Una mezcla de frijol de soya, trigo y agua se fermenta para hacer esta salsa, oscura o clara y salada. Hay diferentes tipos de salsa de soya en el mercado. Los siguientes son los que se usan en este libro.

*Soya oscura*: Menos salada que la soya clara y también más espesa, es oscura y dulce debido a que se le agrega melaza. A menudo usada combinándola con salsa de soya clara, la salsa de soya oscura se agrega a marinadas y platillos de cocimiento lento y se usa como una salsa para glasear carnes asadas.

*Soya clara:* Es una salsa salada, pero suave, que tradicionalmente se usa en marinadas, salsas sofritas y aderezos de ensaladas y también se puede servir como salsa de acompañamiento.

*Soya dulce:* Salsa oscura, dulce y con consistencia de miel, popular en la cocina del sureste de Asia. Esta variedad se endulza típicamente con azúcar de palma, anís estrella y ajo. Se usa para sazonar alimentos cocidos y como condimento para usar en la mesa.

### SALSA HOISIN
Esta salsa dulce y sazonada de color café rojizo está hecha de frijol de soya fermentado, vinagre, azúcar, ajo y especias. Esta salsa versátil se usa para sazonar platillos de carne, se agrega a salsas para acompañar y a menudo se lleva a la mesa como condimento. La salsa hoisin se vende en frascos y se mantiene indefinidamente en el refrigerador.

### SHICHIMI
Este condimento japonés está hecho de chile rojo molido y otros sazonadores, incluyendo semillas de ajonjolí y pimienta negra. Pequeños frascos de shichimi se colocan sobre las mesas de los restaurantes japoneses para que los comensales agreguen los sazonadores con ligero sabor a especias a las sopas, tallarines y demás platillos.

### TALLOS DE FRIJOLES MUNG
Estos delicados tallos con una textura refrecante, ligeramente crujiente, son excelentes en sopas, ensaladas y platillos sofritos. Miden aproximadamente 5 cm (2 in) de largo, sus cabezas son amarillo verdoso y sus tallos son blancos brillantes. Los tallos de frijol mung saben mejor cuando están frescos o se agregan cerca del final del cocimiento para preservar su textura crujiente. Estos tallos altamente perecederos son mejores si se compran en puños y se mantienen almacenados en un recipiente hermético hasta por 3 días.

### TAMARINDO CONCENTRADO
Esta salsa espesa, que se vende en frasco, se produce de la pulpa pegajosa de color café que se encuentra dentro de las vainas del árbol de tamarindo. El concentrado da un sabor agridulce a los curries, chutneys, sopas y salsas de acompañamiento. Los frascos del concentrado se deben refrigerar una vez que han sido abiertos.

### VINAGRE DE ARROZ
Popular en la cocina china y japonesa, el vinagre de arroz es un vinagre claro, suave y ligeramente dulce que se produce de arroz glutinoso fermentado. Es un sazonador esencial para aderezos de ensaladas, sopas y salsas y para hacer en salmuera. El vinagre de arroz se vende simple o endulzado: se etiqueta como vinagre de arroz sazonado.

### VINO DE ARROZ CHINO
De color ámbar fuerte con un bouquet de cuerpo entero, el vino de arroz chino es el producto de arroz glutinoso y mijo fermentado que es añejado mínimo durante 10 años. El sabor y aroma de este vino es parecido al del jerez seco y puede servirse frío o caliente como bebida. También se usa para cocinar, principalmente en marinadas y salsas. El vino de arroz de mejor calidad es el del este de China y lleva su nombre en recuerdo de la provincia de Shaoxing.

# ÍNDICE

DEGUSTIS
Es un sello editorial de
Advanced Marketing, S. de R.L. de C.V.
Aztecas 33, Col. Sta. Cruz Acatlán, C.P. 53150 Naucalpan, Estado de México

WILLIAMS-SONOMA
Fundador y Vicepresidente: Chuck Williams
Compras: Cecilia Michaelis

WELDON OWEN INC.
Presidente Ejecutivo: John Owen; Presidente: Terry Newell;
Vicepresidente, Ventas Internacionales: Stuart Laurence; Director de Creatividad: Gaye Allen;
Editor de Serie: Sarah Putman Clegg; Editor Gerente: Judith Dunham; Editor: Heather Belt;
Diseño:Teri Gardiner; Director de Producción: Chris Hemesath; Gerente de Color: Teri Bell;
Coordinación de Embarques y Producción: Libby Temple

Weldon Owen agradece a las siguientes personas por su generosa ayuda y apoyo en la producción
de este libro: Editor de Copias; Sharon Silva; Estilista de Alimentos: Kim Konecny y Erin Quon;
Asistente de Fotografía; Faiza Ali; Corrección de Estilo: Arin Hailey y Desne Ahlers;
Diseñador de Producción; Linda Bouchard; Índice: Ken DellaPenta
Supervisión de la Edición en Español: Francisco J. Barroso Sañudo.

Título Original: Asiática    Traducción: Concepción O. De Jourdain, Laura Cordera L.
Asiática de la Colección Williams-Sonoma fue concebido y producido por Weldon Owen Inc., en colaboración
con Williams-Sonoma.

Una Producción Weldon Owen Derechos registrados © 2003 por Weldon Owen Inc, y Williams-Sonoma Inc.

Derechos registrados © 2004 para la versión en español: Advanced Marketing, S. de R.L. de C.V.
Aztecas 33, Col. Sta. Cruz Acatlán, C.P. 53150 Naucalpan, Estado de México

Derechos de Autor bajo los convenios International, Pan American y Universal Copyright. Todos los derechos
reservados. Ninguna parte de este libro puede ser reproducida o transmitida en ninguna forma o por ningún
medio electrónico o mecánico, incluyendo fotocopiado, grabación o cualquier sistema que almacene y
recupere información, sin un permiso por escrito del editor.

Presentado en Traján, Utopía y Vectora.

**ISBN  970-718-164-8**

Separaciones de color por Bright Arts Graphics Singapur (Pte.) Ltd.
Impreso y encuadernado en Singapur por Tien Wah Press (Pte.) Ltd./Printed and bound in Singapore by Tien Wah Press (Pte.) Ltd

1  2  3  4  5    04  05  06  07  08

**UNA NOTA SOBRE PESOS Y MEDIDAS**

Todas las recetas incluyen medidas acostumbradas en Estados Unidos y medidas del sistema métrico.
Las conversiones métricas se basan en normas desarrolladas para estos libros y han sido
aproximadas. El peso real puede variar.